国青少年成长必读

中国名人成才故事

主编◎郭 漫

Chinese Luminaries' Success Stories

名留千古的史上名人
流芳百世的传世箴言
警示激励后人的真实故事
感人至深的无穷精神力量
让青少年在他们的故事中
不断成就完美的自我

航空工业出版社
北京

Foreword 前言

悠悠五千年，中国作为一个文明古国，在漫长的岁月里，每个不同的历史时期都涌现出众多杰出的人才。

本书精选了人类历史上最具有代表性的军政大家、乱世英豪、科技之星、圣贤名师、文坛巨擘等，讲述他们在各个领域的成才故事。在这座名人的殿堂中，带领青少年去接近名人，感受名人。

他们胸怀韬略，深谋远虑，站在自己所处时代的前列；

他们在硝烟弥漫的战场上走来，历经战火洗礼；

他们为人类的文明进步做出了卓越的贡献，在中国的历史上留下了光辉的一页；

他们的思想已成为历史长河中的航标，引领着人类走向更加深邃的精神世界；

他们为我们带来了无数文笔优美的佳篇，丰富了中华五千年的灿烂文化；

他们的艺术传承万年而不朽，在历史的长河中熠熠生辉。

通过阅读成功者不平凡的经历，青少年读者能从中看到每一位大师的成才轨迹，看到他们如何与艰难险阻搏斗，如何一步一步走向成功。

“江山代有才人出”，勤奋、勇敢、坚强、好学是成功者亘古不变必备的素质。

名人故事，流芳百世；传世名言，启迪心智。

通过阅读这些伟大人物的成长、成才故事，感受其精神的力量，成就完美的自我！

目录

Content

军政大家

乱世英豪

科技之星

圣贤名师

文坛巨擘

文化艺术

军政大家

Part 1

悠悠五千年，中国作为一个文明古国，在漫长的岁月里，每个不同的历史时期都涌现出众多杰出的军政大家，他们胸怀韬略，深谋远虑，善于驾驭战争，掌握主动权。他们站在自己所处时代的前列，怀抱远大理想，以恢宏的视野，睿智的头脑，在群雄对峙中，巧择战机，逐个击破。其军政思想对后世有较大影响，他们为社会进步、为中华民族的发展做出了重大贡献。

姜尚……
谋略始祖

得利而动。

姜尚，名望，吕氏，字尚父，一说字子牙。也称吕尚，因是齐国始祖而称“太公望”，俗称姜太公。东海海滨人。西周初年，被周文王封为“太师”，又称“师尚父”。因功封于齐，成为周代齐国的始祖。他是中国历史上最负盛名的政治家、军事家和谋略家。

太公钓鱼

公元前 11 世纪，80 岁的姜子牙曾任商朝下大夫。他见纣王荒淫无道，便弃官逃往西岐，暂时隐居在渭水河边的小村庄里，以待时机。

一天，他正在渭水河边钓鱼解闷，有一樵夫武吉担柴路过，见他竟用直钩钓鱼，离水面 3 尺远，鱼钩上也没挂香饵，觉得很奇怪，便问长者贵姓。姜尚答道：“姓姜名尚，字子牙，号飞熊。”武吉叹了口气说：“真是有志不在年高，无谋空言百岁。像你这样愚拙的人，还自号飞熊，实不相称!”姜尚微微一笑：“老夫钓鱼是假，待机进取是真。然而要钓王与侯，宁在直中取，不可曲中求!”武吉道：“你哪像王侯，倒像活猴。”说罢，就担起柴担进城去了。

不料，武吉进城因失手打死了守门的军士而招来杀身大祸，巧逢西伯姬昌路过，得知武吉是个孝子，便赠与黄金十两，命他回去安顿好老母再来领罪。老母便带武吉来向姜尚求救。姜尚教他如此这般，从此武吉只在乡中干活，不再进城了。

▲《渭水访贤图》，描述的正是西伯侯姬昌在渭水边访得姜太公的故事。图卷上的“自足千古”四字乃乾隆皇帝御笔亲题

光阴似箭，转眼又是春天。一日，西伯来到渭水河边踏青打猎。忽听有人唱道：“凤非乏兮麟非无，但嗟治世有隆污。龙兴云出虎生风，世人漫惜寻贤路……”姬昌命人将歌者找来，见是武吉，大喝道：“你怎敢欺我，不来领罪，反在此唱歌?”武吉便照实说了，并说这歌也是姜尚所作。姬昌认为姜尚必是贤者，便当即赦免了武吉的死罪，命他带路来河边寻访姜尚。姜尚为试姬昌的诚心而避入芦苇丛中，并未理睬。

姬昌求贤心切，三日后，又封武吉为武德将军，再次带路，亲率百官一同再访姜尚，并封其为太公。后来太公辅佐文王，随武王伐纣，建立了周朝。

孙膑……

忍辱膑脚

知己知彼，百战不殆。

孙膑（约公元前4世纪），战国时期著名军事家，兵圣孙武后裔。早年曾与庞涓师从鬼谷子习兵法。后遭庞涓迫害，施以膑刑（割去膝盖骨），而有孙膑之称。由于才华惊人，得到齐威王的赏识，一跃成为叱咤风云的英雄人物，名扬天下，威震诸侯。晚年在政治上很不得意，被迫隐居，倾心于军事理论研究，成就了流芳百世的《孙膑兵法》。

田忌赛马

齐国的大将田忌很喜欢赛马，有一回，他和齐威王约定，要进行一场比赛。他们商量好，把各自的马分成上、中、下三等。比赛的时候，要上等马对上等马，中等马对中等马，下等马对下等马。由于齐威王每个等级的马都比田忌的马强得多，每次比赛，田忌都失败了。

田忌觉得很扫兴，比赛还没有结束，就垂头丧气地离开赛马场。这时，田忌抬头一看，好朋友孙膑正站在人群中。孙膑招呼田忌过来，拍着他的肩膀说："我刚才看了赛马，威王的马并不比你的马快多少呀。"

孙膑还没有说完，田忌瞪了他一眼："想不到你也来挖苦我！"孙膑说："我不是挖苦你，我是说你再同他赛一次，我有办法准能让你赢。"田忌疑惑地看着孙膑："你是说另换一匹马来？"孙膑摇摇头说："一匹马都不需要更换。"田忌疑惑地说："那不还是一样会输！"孙膑胸有成竹地说："按照我的安排去做吧。"

齐威王屡战屡胜，十分得意，正在夸耀自己马匹的时候，看见田忌陪着孙膑迎面走来，便站起来讥讽地说："莫非你还不服气？"田忌说："当然不服气，咱们再赛一次！"说着，把一大堆银钱倒在桌子上，作为他下的赌钱。齐威王一看，心里暗暗得意，于是吩咐手下，把前几次赢得的银钱全部拿出来，另外又加了一千两黄金，也放在桌子上。齐威王轻蔑地说："那就开始吧！"

一声锣响，比赛开始。孙膑先以下等马对齐威王的上等马，第一局输了。齐威王站起来说："想不到赫赫有名的孙膑先生，竟然想出这样拙劣的对策。"孙膑不理他，接着进行第二场比赛。孙膑拿上等马对齐威王的中等马，获胜一局。齐威王开始心慌意乱了。第三局比赛，孙膑拿中等马对齐威王的下等马，又战胜了一局。这下，齐威王目瞪口呆了。

比赛的结果是三局两胜，自然是田忌赢了齐威王。同样的马匹，只是调换一下出场顺序，就得到了转败为胜的结果。

秦始皇……
千古一帝

何事纷争一角墙，让他几尺也无妨。
长城万里今犹在，不见当年秦始皇。

——（明）林翰

秦始皇（公元前259~公元前210），姓嬴，名政，秦庄襄王之子。中国统一的秦王朝的开国皇帝。公元前210年，他在出巡途中病死在“沙丘平台”(今河北巨鹿县境)，结束了短暂的一生。

创立“皇帝”尊号

公元前246年，13岁的嬴政登基称王。那时正处于战国末年，秦国实力最强，已具备统一东方六国的条件。秦王嬴政最初即位时，国政由相国吕不韦把持。公元前238年，秦王嬴政亲理国事，免除吕不韦的相职，并任用尉缭、李斯等人。自公元前230年至前221年，先后灭韩、魏、楚、燕、赵、齐六国，结束了诸侯争霸的局面，建立了中国历史上第一个统一的、多民族的、专制主义中央集权制国家——秦朝。

秦王嬴政统一全国后，把国都定于咸阳，他觉得自己的功绩比三皇五帝还要大，是开天辟地以来最伟大的人物，所以不能再用“王”的称号，应该用一个更加尊贵的称号才能与他的功绩相符，并能流传后世。于是他创立了“皇帝”的尊号，自称始皇帝，宣布子孙称二世、三世，以至万世，代代承袭。

治理天下　稳固江山

秦始皇统一全国后，为适应统治的需要，推行了一系列改革措施，废除商、周以来的分封制，实行郡县制，中央和地方的重要官吏都由皇帝任免，军政大权集于一身。在经济上推行重农抑商政策，扶植封建土地私有制的发展。

当时各国的度量衡、货币和文字都不一样。秦始皇以商鞅所制定的度量衡制度把度量衡、货币和文字统一起来。当时这样做，主要是为了便于征收租赋，推行法令，但对于巩固国家的统一、促进各地经济文化的交流，客观上起了重大的积极作用。

▼秦始皇陵中的驷马战车，秦国当时兵力之强大可见一斑

我国北方的少数民族匈奴，在战国时逐渐强大起来，建立了奴隶制政权。匈奴贵族常南下侵扰，掠夺人口牲畜。秦始皇派大将蒙恬击败匈奴，夺回河套一带广大地区，把内地人民迁移到那里居住。为阻止匈奴贵族南侵，秦始皇又征发几十万劳动人民，把原来秦、赵、燕三国北方的长城连接起来，再向东、西延长，这就是著名的万里长城。

为了强化专制统治，秦始皇在执政时，严刑峻法、横征暴敛，在统一六国之后，修建豪华的阿房宫和骊山墓，先后进行五次大规模的巡游，在名山胜地刻石记功，炫耀声威。为求长生不老药，又派方士徐福率童男女数千人至东海求神仙，耗费了巨大的财力和人力，加深了人民的苦难。

▲气势恢宏的秦始皇兵马俑

秦始皇三十七年（前210年），秦始皇巡游返至平原津得病，于是作书命长子扶苏送葬，并继嗣帝位。当行至沙丘时，秦始皇病死，宦官赵高勾结始皇少子胡亥和李斯，伪造遗诏立胡亥为太子，并赐扶苏死。

修筑万里长城

战国长城一般都比较短小，小国的长城数百里，大国的长城最长3000余里。

秦始皇三十二年（前215年），他来到渤海之滨的碣石，派遣燕人卢生到大海中去找寻传说中的仙人羡门、高誓，希望求取长生不老的方法。结果，当他巡视完北部边境后，卢生从海外归来，带回的图书上却说："亡秦者胡也。"

秦始皇一想，这"胡"当然就是北方的匈奴了，马上派遣将军蒙恬率领30万大军北上进攻匈奴。第二年，继续作战，一直把匈奴逐出河套，赶到阴山以北。将这一片地方新设立了44个县，修建了边塞，并开始修筑长城。西起临洮，东至辽东，延袤万余里。

秦始皇死后，其子胡亥设计害死了长子扶苏夺得帝位，称二世皇帝。秦二世元年（前209年）七月，派往渔阳（今北京密云一带）长城戍边的农民900人屯驻在大泽乡（今安徽宿县东），遇到大雨，道路不通，不能前行。秦律规定，不能在规定的期限内到达戍守地点的人将一律斩首。戍卒中担任屯长的陈胜、吴广商议道：今天逃跑也是死，造反也是死，反正都是死，不如为国事而起义吧！于是，揭竿而起，发动了中国历史上第一次农民大起义，推翻了秦王朝。

这时人们才知道，"灭秦者胡也"中所说的"胡"，并不是指胡人，而是秦二世胡亥！秦始皇苦心经营的万里长城并没有给秦王朝带来安全与永恒，恰恰是要去守卫长城的农民灭了秦。但是万里长城并非无用之物，在客观上它还是发挥了保卫中原的重要作用。

自古以来，对秦始皇的评价褒贬不一。但纵观其一生，对中国历史的发展起到了巨大的推动作用，实为中国历史上一位有作为的皇帝，功不可没。

▲秦始皇统一六国后，为了加强北部边境的防御能力，重新修筑了长城

刘邦……
布衣皇帝

夫运筹帷幄之中，决胜于千里之外，吾不如子房。

刘邦（公元前256—公元前195），字季。秦朝泗水郡沛县（今江苏沛县）人。谥号高皇帝。西汉王朝的开国皇帝。他是中国历史上第一位布衣皇帝。

少年“无赖”成豪杰

刘邦出身农家，性格豪爽，不太喜欢读书，但对人很宽容。他也不喜欢下地劳动，所以常被父亲训斥为“无赖”。

▲汉高祖斩蛇碑。刘邦起义后发展迅速，和项羽一起成为反秦的主力，并率先进入关中

成年后的刘邦，经考试做了泗水的亭长。有一次，刘邦奉命押送刑徒去骊山服役，但在半路上已经有很多人逃跑了，刘邦也很无奈。走到丰邑县的大泽休息时，刘邦喝了些酒，然后松开了刑徒们身上的绳子，让他们自己逃命去。但有十几个人不愿意丢下他一个人走，都表示愿意跟着他。刘邦便带领大家逃亡，前面负责开路的人回来告诉他，前边有条大蛇拦路，没法通行，刘邦喝得有点醉了，训斥说：“我们这些勇猛之士行路，有什么好害怕的！”他分开众人，自己到了前边，见一条蛇横在路中间，便拔出宝剑，一剑将蛇拦腰斩断。

又走了一段路，刘邦觉得头昏，便躺在路旁休息。后边的人赶了上来，对他说在路旁看见一个老太太哭，说有人把她的儿子杀了，她的儿子是白帝的儿子，刚才变成蛇，却在路边被赤帝的儿子杀了，所以才如此难过。老太太说完忽然就不见了。刘邦听说了，心中暗喜。后来刘邦让手下人广为传播这种谣传，很多人都来投奔他。他被当地人称为沛中的豪杰。

▲举杯高歌的汉高祖刘邦雕像

中原逐鹿　独占鳌头

公元前209年，秦末农民起义爆发，陈胜、吴广率领起义军攻占了陈县（今河南淮阳）以后，建立了“张楚”政权，和秦朝公开对立。

秦二世元年（前209年），刘邦在沛县聚众响应陈胜、吴广起义，称沛公，不久投奔项梁。公元前206年进抵灞上。秦王子婴见大势已去，只得献城投降，将玉玺亲手交给了刘邦，秦王朝至此灭亡。立足关中的刘邦进入了咸阳城，并以“关中王”自居。

鸿门宴

秦朝末年，群雄纷争，刘邦和项羽是两支重要的武装力量。楚怀王命令项羽、刘邦兵分两路进击秦军。临行时楚怀王与二人约定：“先入关者为王。”刘邦乘秦朝内讧之机，率先进入咸阳。但他自知羽翼未丰，于是还军灞上。

一个月后，项羽率40万大军开进关中，驻守鸿门。他见刘邦早到一步，便勃然大怒，扬言要灭掉刘邦。刘邦得知后，马上派部下张良把项羽的伯父项伯请来，设宴款待。

第二天，刘邦带着樊哙、张良等100多名部下，亲赴鸿门向项羽致歉。项羽毫无城府，听刘邦这么一解释，一腔怒气马上就烟消云散，并设宴招待刘邦。项羽有个谋士叫范增，他早已看出刘邦的野心，多次告诫项羽：“此人不除，必留祸患。”但项羽对此一直不以为然。如今，刘邦自己送上门来，范增感到机不可失。酒席间，他曾多次暗示项羽动手，项羽始终对他不理不睬。无奈，范增找来项庄假装舞剑，明为助酒兴，实则命其伺机刺杀刘邦。谁料，范增的用心被项伯识破，便拔出剑来与项庄对舞，以保护刘邦。

▲此图据郭沫若考证为《鸿门宴》图。楚汉相争，项羽率军进驻鸿门，谋士范增计划在刘邦前来赴宴时杀之。画作展现了这一富有戏剧性的场面，表面平静，却暗藏杀机。这里选取的是画的两个部分。上图中立最右者为张良，中为手持长干、怒目而视的范增，最左为杀气腾腾、跃跃欲刺的项庄。下图是两人在炉前烤牛肉，其后悬挂有牛肉和牛头

这时，酒宴的气氛已到了剑拔弩张的地步。刘邦见事不妙，假装上厕所，趁机逃离了项羽营地，避免了一场灭顶之灾。

称帝建都

鸿门宴之后，项羽领兵西进，在咸阳城大肆屠杀，杀死秦王子婴，焚烧阿房宫。火烧阿房宫后，项羽分封各路将军为王。刘邦被封为汉王，领地是巴、蜀和汉中，共41县，国都为南郑（今陕西南郑）。项羽自己称西楚霸王，掌握军队最高统帅权。

分封完毕，项羽让大家到各自的诸侯国去就职，刘邦也只好到南郑去。项羽只分给刘邦3万军队，后来又有一些人追随他到了南郑，但总兵力也不足10万。刘邦暂时还无法和项羽抗衡，只能坐待时机。刘邦不甘心亡秦的胜利果实被项羽独占，于是发动了长达四年的楚汉战争，终于反败为胜。

汉王五年冬，刘邦约韩信、彭越等人率军进围楚军于垓下。项羽率部突围，至乌江自刎。至此，楚汉战争以项羽的失败而结束。当年2月，刘邦即帝位，初建都洛阳，不久迁至长安，史称西汉。

张良……

一代谋圣

报韩原不为封侯，辟谷深心此暂留。
韬略何从黄石授，功名好托赤松游。
春耕汉殿余残瓦，秋草长陵起暮愁。
千古英雄谁彻悟？金戈铁马雪盈头。

——（清）李湘菉

张良（？～公元前189），西汉初年的重要谋臣，政治家、军事家。相传为城父（今河南郏县东）人。张良是“汉初三杰”之一，辅助刘邦夺取天下，以智慧闻名于世，运筹帷幄之中，决胜千里之外。

张良拜师

一天，年轻的张良漫步来到一座桥上，对面走过来一个衣衫褴褛的老头。老头走到张良身边时，忽然脱下脚上的破鞋子丢到桥下，对张良说：“去，把鞋给我捡回来！”张良觉得老头是在侮辱自己，很想发作。可是他又看到老头年岁很大，只好忍气吞声下桥给老头捡回了鞋子。谁知这老头得寸进尺，竟然把脚一伸，吩咐张良：“给我穿上！”此时张良已有几分怒气，但他还是跪下身帮老头把鞋子穿上。老头穿好鞋后，跺跺脚，仰天大笑扬长而去。

张良看着头也不回、连一声道谢都没有的老头的背影，正在纳闷，忽见老头转身又回来了。他对张良说：“孺子可教矣。五天后的早晨，你到这儿来等我。”张良深感玄妙，诚恳地跪拜说：“谢谢老先生，愿听先生指教。”

第五天一大早，张良来到桥头，只见老头已经在桥头等候。他见到张良，很生气地责备他说：“和老年人约会还迟到，太不像话了。”说完起身就走了。刚走几步，又回头对张良说：“过五天早上再会吧。”张良有些懊悔，可也只有等到五天之后再来。到了第五天，老人又先他而到，这回是声色俱厉地责骂道：“为什么又迟到呢？实在是太不像话了！”说完，十分生气地一甩手就走了。走时依然丢下一句话，“还是再过五天，你早早就来吧。”张良惭愧不已。

▶汉留侯张良祠内的碑文

又过了五天，张良再不敢贪睡，还不到半夜，就摸黑赶到了桥头。过了一会儿，老头来了，掏出一本书，交给张良说：“读了这部书，就可以帮助君王治国平天下了。”说完，飘然而去。

等到天亮，张良打开手中的书，他惊奇地发现，自己得到的是《太公兵法》。从此，张良捧着《太公兵法》日夜攻读，勤奋钻研。后来，张良做了刘邦的得力助手，为汉王朝的建立立下了赫赫功勋，名噪一时，功盖天下。

萧何……
开国丞相

信之为大将，实萧何所荐；今其死也，又出其谋。故俚说有“成也萧何，败也萧何”之语。——(宋) 洪迈

萧何（? ~公元前 193），西汉初年政治家。沛县（今江苏沛县）人。“汉初三杰”之一，著名丞相。他不论在战争期间，还是在汉初恢复时期，都表现出了中国古代杰出政治家的风度和治国才能，几千年来都被人们所称颂。

萧何追韩信

韩信原本是淮阴人，项梁起兵后，路过淮阴，韩信投奔他，在楚营里当了个小兵。项梁死后，韩信又投奔项羽，项羽见他比一般兵士强，就让他做了一个小军官。韩信多次向项羽献策，都没有得到采信，韩信十分失望。汉王刘邦到南郑去的时候，韩信投奔了刘邦。

当韩信到了南郑，汉王刘邦也只让他当了个小官。有一次，韩信犯法被抓，即将要被砍头时，幸亏汉王刘邦部下的一个将军夏侯婴经过。韩信高声呼喊，向他求救，说：“汉王刘邦难道不想打天下了吗，为什么要斩壮士?”夏侯婴看韩信的模样是一条好汉，便把他放了，并把他推荐给汉王刘邦。刘邦派韩信做了管粮食的小官。

后来，丞相萧何见到韩信，听他谈兵，头头是道，极为赞赏，几次三番劝汉王刘邦重用他，但刘邦总是不听。

韩信知道刘邦不肯重用他，趁将士开小差的时候溜走了。

萧何得到韩信逃走的消息，亲自骑上快马追赶他，追了两天，才把韩信找回来。刘邦听说萧何去追韩信，气愤地骂萧何说：“逃走的将军这么多，你为什么单单去追韩信?”

萧何说：“像韩信那样的人才，是举世无双的。大王如果准备打天下，就非用他不可。大王到底准备怎样?”刘邦说：“我当然要打天下!”

萧何说：“大王若是要争天下，就一定要重用韩信；不重用他，韩信早晚还是要走的。”刘邦说：“好吧，我就依你的意思，让他做将军。”萧何说：“让他做将军，还是留不住他。”

刘邦说：“那就拜他为大将吧！”萧何很高兴地说：“大王英明。”

▲汉相国萧何追韩信至此碑

韩信向刘邦详细地分析了楚（项羽）汉双方的条件，认为汉王发兵东征，一定能战胜项羽。汉王越听越高兴，真后悔没早点儿发现这个人才。

曹操……
乱世枭雄

老骥伏枥，志在千里；烈士暮年，壮心不已。

曹操（155~220），三国时期著名军事家、政治家和文学家。字孟德，小名阿瞒。沛国谯县(今安徽亳州)人。官至丞相，封魏王，谥武王，其子曹丕称帝后，追尊其为武皇帝，史称魏武帝。

三请诸葛亮

人们只听说过刘备三顾茅庐的故事，可在这之前，曹操三请诸葛亮的故事，却很少有人知道。曹操屯兵许州时，派曹洪带 10 万人马第一次攻打新野，结果吃了败仗。他很恼火，挥剑要杀曹洪。这时，有个叫程煜的谋士出来求情，说："新野战败不能怪曹将军，只恨刘备有个能掐会算的徐庶当军师。要是丞相信得过，我愿推荐一个能人，处处比徐庶都高一筹。这个人就是水镜先生的高徒、我的师兄诸葛亮，现在卧龙岗隐居。"

曹操早听说过诸葛亮有超群之才，加上程煜的推荐，决定请诸葛亮当谋士。第二天，他带领程煜、曹洪等一队人马，还带上金银财宝浩浩荡荡上了路。他们赶到卧龙岗时已是晌午，人困马乏，来到路边的茶馆休息。曹操吩咐曹洪先去茅庵，请诸葛亮到茶馆来叙谈。过了一会儿，曹洪回到茶馆，对曹操说："听诸葛亮的书僮说，他到山上歇晌去了。我在山腰吆喝了半天，也没人应声。"程煜忙说："我师兄最爱在静处读书，不许外人打扰。莫非将军莽撞无礼，师兄不肯出见？"曹操一听，臭骂了曹洪一顿，又派程煜去请诸葛亮。没过一会儿，程煜皱着眉头回到茶馆，说："我好不容易在野云庵找到师兄，说明来意，哪晓得他不理不睬，锁上柴门，拂袖而去。真是太傲慢了！"

▲阎立本所作的魏文帝曹丕像。曹操一直没有称帝，其子曹丕称帝后追尊其为武皇帝

曹操心想：你诸葛亮到底有多大的本事，凭什么摆这么大的架子？看来我得亲自出马啦。

曹操一行来到茅庵门前，只见柴门大开，诸葛亮正在草堂读书。等曹操进屋，诸葛亮一没起身让座，二没磕头下拜。这时候，曹操是心里有火不敢发，还得强装笑脸上前问道："请问先生可是大名鼎鼎的诸葛亮？"

诸葛亮头也不抬，随口应道："不敢不敢！我是个山野村夫。听说丞相远道而来，专门在这儿静候。"说罢，把书本一合，斜着眼睛望着曹操。

▶足智多谋的卧龙先生

曹操仔细把诸葛亮打量了一番，果真是气度不凡。连忙叫人把礼品抬上，说：“早就听说先生足智多谋，专程登门相请，助我统一大业一臂之力。”

诸葛亮一听，哈哈大笑，说：“丞相花这么大的本钱来买一个普通山民，不怕失了你的面子吗？我实在不敢受这一请！”说罢，又仰天大笑。

曹操见诸葛亮突兀大笑，分明是当着手下人取笑自己，心里不是滋味：我千不该、万不该亲自来请他。

曹操本想发火，又怕坏了礼贤下士的好名声，只好忍气灰溜溜地走了。

文采飞扬

曹操的诗歌受乐府影响很深，现存的诗歌全是乐府歌辞。这些诗歌虽用乐府旧题，却不因袭古人诗意，自辟蹊径，不受束缚，却又继承了“感于哀乐，缘事而发”的精神。例如《薤露行》、《蒿里行》原是挽歌，曹操却以之悯时悼乱；《步出东门行》原是感叹人生无常，须及时行乐的曲调，曹操却以之抒发一统天下的抱负及北征归来所见的壮景。

曹操富有创新精神的民歌，开启了建安文学的新风，也影响了后来杜甫、白居易等人的文风。

▲许昌议事台古迹，世传曹操为便于领导屯田而筑此台，他常集群臣幕僚，商讨国家大事及屯田事宜

▲古隆中，诸葛亮隐居的地方

▼充满古风遗韵的亳州，这里是曹操的故里

诸葛亮……
神机妙算

不傲才以骄人，不以宠而作威。

诸葛亮（181~234），字孔明，号卧龙，琅邪阳都（今山东沂南）人。三国时期蜀国杰出的政治家、军事家和战略家。

草船借箭

周瑜一向妒忌诸葛亮的才干。有一天，周瑜请诸葛亮商议军事，说：“我们即将跟曹军交战，用什么兵器最好？”诸葛亮说：“用弓箭最好。”周瑜说：“对，先生跟我想的一样。现在军中缺箭，想请先生负责赶造10万支。这是公事，希望先生不要推却。”

诸葛亮说：“都督委托，当然照办。不知道这10万支箭什么时候用？”周瑜问：“10天造得好吗？”诸葛亮说：“既然就要交战，10天造好，必然误了大事。”周瑜紧接着问道：“先生几天可以造好？”诸葛亮胸有成竹地说：“只需3天。”周瑜手拍桌案说道：“军中无戏言。”诸葛亮说：“我愿意立下军令状，3天造不好，甘受惩罚。”周瑜叫诸葛亮当面立下军令状，又摆了酒席招待他。诸葛亮喝了几杯酒就走了。

鲁肃对周瑜说：“10万支箭，3天怎么造得完呢？”周瑜说：“是他自己说的，我可没逼他。我得吩咐军匠们，叫他们故意迟延。到时候造不完，定他的罪，他就无话可说了。你去探听探听，看他有何打算，然后回来向我报告。”

鲁肃见了诸葛亮。诸葛亮说：“3天之内要造10万支箭，还要请先生帮我的忙。”鲁肃说：“我怎么帮得了你？”诸葛亮说：“你借给我20条船，每条船上要30名军士。船用青布幔子遮起来，还要1000多个草把子，排在船的两边。第三天管保有10万支箭。不过这事不能让都督知道。”

▶胸有成竹、指挥若定的诸葛亮

鲁肃答应了。他不知道诸葛亮借船有什么用，回来报告周瑜，果然不提借船的事，只说诸葛亮不用竹子、翎毛、胶漆这些材料。周瑜疑惑起来，说：“到了第三天，看他怎么办！”

鲁肃私自拨了20条快船，每条船上配30名军士，按照诸葛亮所说，布置好青布幔子和草把子，等候诸葛亮调度。

前两天，诸葛亮没有什么动静，直到第三天四更时，诸葛亮秘密把鲁肃请到船里。诸葛亮吩咐把20条船用绳索连接起来，朝北岸开去。

这时候大雾漫天，江上连面对面都看不清。天还没亮，船已经靠近曹军的水寨。诸葛亮下令把船尾朝东，一字摆开，又叫船上的军士边擂鼓边大声呐喊。鲁肃吃惊地说：“如果曹兵出来，怎么办?”诸葛亮笑着说：“雾这么大，曹操一定不敢派兵出来。我们只需饮酒便可，天亮了就回去。”

曹操听到鼓声和呐喊声，下令说：“江上雾很大，敌人忽然来攻，我们看不清虚实，不要轻易出动。只叫弓弩手朝他们射箭，不让他们靠近。”一时间，箭如飞蝗，纷纷射在江心船上的草把和布幔之上。过了一段时间后，诸葛亮又下令把船掉转方向，船头朝东，船尾朝西，仍旧擂鼓呐喊，逼近曹军水寨去受箭。

天渐渐亮了，雾还没有散，船两边的草把子上都插满了箭。诸葛亮吩咐军士们齐声高喊：“谢谢曹丞相的箭!”接着叫20条船驶回南岸。

曹操知道上了当，可是这边的船顺风顺水，已经飞一样地驶出20多里，要追也来不及了。

“空城计”的故事

诸葛亮是蜀国的军师，素以善于指挥作战而著称。

有一次，魏国派大将司马懿率领十几万军队前去攻打。蜀国得知魏国的军队正迅速向西城赶来的情报后，全国上下一片恐慌。

诸葛亮苦思冥想，终于想出一个万全之策。他命令城内的平民和士兵全部撤出，暂时躲避到一个安全的地方，然后大开城门，等候敌人的到来。

司马懿不久便带兵包围了西城，但令他吃惊的是，本以为会戒备森严的西城却城门大开，城墙上也看不到一个守卫的士兵，只有一个老头在城门前扫地。

正在他大惑不解的时候，城楼上出现了一个人，正是他的老对手诸葛亮。只见诸葛亮不慌不忙地整理了一下自己的衣服，在一架预先放好的古琴前坐下来，随即悠扬的音乐从城楼上传下来。

魏国的将士都愣住了，在大军围城的危急关头，蜀国的军师诸葛亮却弹起了琴，到底是怎么回事?

面对开着的城门和弹琴的诸葛亮，司马懿竟一时不知如何是好。他深知诸葛亮足智多谋，可他此时却敢大开城门迎候十几万大军，这太出乎他的预料了。他想，城里必定埋伏了大量兵马。这时，就听得城楼上的琴声由舒缓渐渐变得急促起来，仿佛暴风雨就要来临一般。

司马懿越听越不对劲，他怀疑这是诸葛亮发出调动军队反攻的信号，于是急忙下令他的军队撤退，成千上万的魏军迅速撤走。就这样，蜀国的西城没有用一兵一卒就得以保全。这就是诸葛亮有名的“空城计”。

◄诸葛亮曾经以《空城计》智退司马懿的兵马

李世民……盛世明君

舟所以比人君，水所以比黎庶。水能载舟，亦能覆舟。

李世民（599~649），是中国历史上最具盛名的伟大帝王。他开辟的疆域广袤无边，超过了过去的朝代；他统御的大唐是当时世界上最强盛、最先进的国家；他缔造的“贞观盛世”空前绝后。他能任用贤能，从善如流，闻过即改。他视民如子，不分华夷，是中国人千年称颂的好皇帝。

少年壮志

李世民是唐高祖李渊和妻子窦氏的次子，生于公元599年1月23日。据说在他4岁那年，有个书生说他是：“龙凤之姿，天日之表，弱冠之年就能够济世安民。”李渊便采用书生的话为儿子取名为“世民”。

▲唐太宗行书《温泉铭》唐拓孤本，现藏于法国巴黎图书馆，是其为骊山温泉撰写的一块行书碑文

李世民从小就开始习艺练武。他善于骑马，喜欢射箭，好弄弓矢，机智果敢。他还熟读兵法，经常引用《孙子兵法》里的话和父亲讨论排兵布阵的策略。由于李世民年轻有谋，所以结交和网罗了不少英雄豪杰。

隋炀帝大业十一年（公元615年）八月，隋炀帝杨广被突厥始毕可汗率数十万骑围困在雁门。情势万分危急，隋炀帝派人将诏书缚于木上，投入汾水，这才传出消息，在全国招募勤王之师。16岁的李世民毫不犹豫地加入了救驾的队伍里。

雁门之战是李世民有生以来第一次正式参与军阵，而他的军事才能和谋略也在此战中初露头角。

两年后（公元617年），李渊就任太原留守，18岁的李世民跟随父亲来到了太原。当时的隋王朝各地战火纷起，李渊率部出击，深陷敌阵。在这个紧要关头，李世民飞骑冲入万军阵中与父亲会合，父子合力最终突围而出。

▲唐太宗的六匹战马，在唐开国战争中，它们先后为主人骑乘出战，立下赫赫战功。

这时的隋朝已经是风雨飘摇，李世民审时度势，广交各路英豪，所有结识他的人无不愿为他效死。

公元618年，李渊在长安称帝，改国号为唐，定年号为武德，建立了唐王朝，长子李建成被封为太子，李世民被封为秦王。

▲中国历史上最具盛名的伟大帝王

秦王破阵

武德元年（公元618年）三月，甘肃军阀薛举、薛仁杲父子举兵10万进犯关中，李世民率部出击。在战役中他巧用谋略，在实战中又亲率左右数十骑领先冲入敌阵，唐军士气顿时大振，薛仁杲大败投降。

武德三年（公元620年）四月，李世民歼灭了刘武周的军队，收复河东全境。同年七月，刚刚结束征刘之战的李世民没有多松一口气，便率3万军出关，攻打已经自立为郑皇帝的王世充，一举将其击败。

接着，李世民又以3500人战胜窦建德的10万大军，获虏5万余人。22岁的李世民创造了世界军事史上的一个奇迹。

贞观之治

公元627年，李世民通过“玄武门之变”夺取了帝位，开始了对唐朝为时23年的统治。他在位时，年号贞观。

贞观年间，唐太宗吸取隋朝灭亡的教训，实行了很多开明的政策和利国利民的措施，使唐朝政权得到巩固，社会经济得到恢复和发展，从而出现了一个比较安定祥和的社会环境。历史学家把这一时期称为“贞观之治”。

▲与汉族交好的松赞干布金身塑像

唐太宗知道要做到政治清明，就要善于用人，还要广泛听取意见。因此只要有才能的人，不管出身贵贱，都能够得到他的重用。魏徵敢于向太宗直言进谏，即使太宗生气，也不退让。

▶嫁入吐蕃的文成公主

太宗采取了许多措施，如合并州县，节省开支；让农民拥有一定的土地；减轻劳役负担，让农民的生产时间得到保证等。这些措施很得民心，唐太宗引用古人的话说：皇帝是舟，人民是水；水能载舟，也能覆舟。

唐太宗采用较为开明的民族政策，赢得了各民族的拥护，北方各族尊称他为“天可汗”。

贞观十五年（公元641年），他将文成公主嫁入吐蕃，使汉藏民族关系更加友好亲密，促进了藏族经济文化的发展，加强了汉藏两族的联系，对中国多民族国家的稳定做出了贡献。

武则天……
一代女皇

身不修则德不立，德不立而能化成于家者盖寡矣，而况于天下乎？

武则天（624~705），并州文水（今山西文水东）人，唐高宗李治的皇后，中国历史上唯一的女皇帝。她在位期间任用酷吏以强硬的手段统治她的王朝，但并没损害整个国家的元气，并使国家顺利地进入第二个黄金时代。取李唐江山而代之，她的王朝号周。

从侍女到帝王

武则天的父亲原是商人，后随李渊起兵，到唐朝官至工部尚书，兼检校并越将军。9 岁时，父亲去世。14 岁时，她因相貌出众被召入宫。入宫之后，武则天行事干练，善解人意，再加上姿色娇艳，颇得太宗欢心，命为才人。

时间一长，太宗又发现武则天学识尚好，且懂礼仪，便把她调入御书房侍候文墨。这一变故使武则天开始接触皇家公文，了解了一些宫廷大事，并能读到许多不易得见的书籍典章，眼界顿阔，日渐通晓官场政治和权术。

在当时重视门阀的社会里，出身大木材商家的武则天仍然被看做出身寒微。在宫中，四妃和九嫔们经常取笑她，欺辱她。严酷的生活养成了武则天刚烈的性格。相传，唐太宗有一匹烈马，名叫狮子骢，性暴难驯。一天，皇宫大院里聚集着一批文武大臣，太宗问大家："你们谁能驾驭它？"大家面面相觑，无人敢对。只见武则天拨开人群，站出来自请驯马。太宗问其驯技，她说："臣妾只需三样东西，一铁鞭，二铁锤，三匕首。先用铁鞭子抽它；不服，就用铁锤猛击它的头；再不服，就用匕首刺断它的咽喉！"

太宗听了禁不住大为赞赏。公元 649 年，唐太宗李世民驾崩，按照唐制，武则天和其他宫女一起被迫入感业寺削发为尼，时年 26 岁。

太宗死后，太子李治接位，称为高宗。不久，唐高宗来到感业寺进香，武则天再次被召入宫，晋升为昭仪。昭仪位于九嫔之首，地位仅次于皇后和四妃。当时，宫中王皇后正与萧淑妃争宠，武昭仪煞费苦心谋夺后位。由于她"能屈身忍辱，奉顺上意"，加上王皇后未能生育，高宗决定废除王皇后，册立武昭仪为皇后。围绕皇后的废立问题，在宫中展开了一场惊心动魄的斗争。支持武则天李义府、许敬宗等人，想借此机会邀功，则积极支持武则天为皇后。由于他们的支持，高宗不顾贵族的反对而决定废立。武则天 32 岁时，以皇后的显贵身份进入最高统治集团。

▲唐朝张萱的《武后行从图》

武则天一当上皇后就参决朝政，立即对占据中央要职的元老贵族的代表人物进行彻底的清洗。公元660年，高宗因病，委托武则天“决百司奏事”，自此武则天实际上掌握了大唐政权。这时，唐高宗也感到不快，他曾于公元664年与贵族大臣上官仪一起密谋，决定废除她。但武则天迅速采取了对策，处死了上官仪。

▲61尊蕃臣像。高宗驾崩后，各国的王侯与使节来长安（今日之西安）吊唁，并亲往乾陵送葬，为纪念当时的盛况，武则天命人将参加葬仪的各地王宾和使节，仿真人服饰及大小雕刻成61尊像分站两旁，躬礼侍立，遗憾的是头都被砸掉了

从此以后，高宗每次临朝理政，武则天垂帘于后，参决政事。朝廷内外，称高宗、武后为“二圣”。高宗病情渐重，为确保李氏皇统，想传位给太子李弘（武则天的长子），武则天竟用药酒毒死了李弘。同年，高宗立次子李贤为皇太子，并令李贤监国。武则天为了保持已到手的权力，又废李贤为平民。高宗被迫又立第三子李显为太子。公元683年，高宗病死，太子继位，是为中宗。但好景不长，只过了5天，又被武后废为庐陵王，幽禁于深宫。公元684年，武后立第四子李旦为帝，是为睿宗。

丹青武则天

中宗被废，使统治集团内部的矛盾进一步激化。公元684年，被武则天贬黜的徐敬业等人以中宗被废为借口，从扬州起兵，旬日间聚众达10余万人。著名文人骆宾王配合徐敬业，写了言词激烈的讨武氏檄文。

在中央政权内部，60岁的武则天当即派李孝逸为扬州道大总管，率30万大军前往讨伐。前后不到50天，迅速讨平了徐敬业的10万大军，并处死了裴炎等人。4年后，唐宗室越王李贞、琅邪王李冲父子又以“匡复”为名，分别起兵，企图联合四方宗室诸王“共趣神都”洛阳，夺取政权。但不到20天，这次叛乱也被击败。围绕皇位问题，武后在同自己的丈夫、儿子的角逐中，再次取得了胜利。

公元690年，67岁的武则天称帝，建立了武周政权，自己立号为圣神皇帝。在执政期间，武则天重用贤才，提拔了一批名臣如狄仁杰、姚崇等，沉重打击了旧士族和大贵族大官僚集团，社会经济呈现发展趋势。但为了神化自己的威权，她广建庙宇，大肆崇佛，同时重用武氏家族，加剧了社会矛盾。

▶武则天墓地外任世人评说的无字碑，武后个性彰显无余

公元705年，武则天病重，宰相张柬之发动政变，武则天被迫退位，让位于太子显，即中宗，恢复大唐国号。几个月后，武则天驾崩。

赵匡胤……
士兵皇帝

同榻之侧，岂容他人酣睡。

赵匡胤（927~976），即宋朝创建者。涿州（今河北涿县）人。原为后周殿前都点检。建隆元年（公元960年）发动陈桥兵变，"黄袍加身"，夺后周政权，称帝于开封，建宋朝，史称北宋。是宋朝杰出的军事家、战略家和统帅。

乱世造就的君主

赵匡胤出生于洛阳夹马营，父亲先后为后唐、后晋、后汉的军官。赵匡胤起初投奔后汉大将郭威，因喜爱武艺，得到了郭威的赏识。后他又参与拥立郭威为后周皇帝，被重用为典掌禁军。周世宗柴荣时，他又因战功而升任殿前都点检（皇帝亲军的最高将领）。掌握了后周的兵权，负责防守汴京。周世宗死后，其子柴宗训继位，年仅7岁。赵匡胤和其弟赵匡义、幕僚赵普密谋篡夺皇位。

公元960年正月，有人来汴京报告说，北汉和辽国的军队联合南下攻击后周。后周符太后和宰相范质、王溥等不辨真假，慌忙派赵匡胤统领大军北上御敌。他们行到陈桥驿，驻扎在那里。第二天黎明，陈桥驿四周突然呼声大起。赵匡胤酒醉方醒，走出卧室，只见众将一个个手执武器，列队站在庭前，以赵匡义和赵普为首齐声说道："诸将无主，愿请点检做天子。"众将又不等赵匡胤回答，把准备好的黄袍披在他身上，然后一齐下拜，高呼"万岁"。这一件事，历史上称为"陈桥兵变"。

◀繁塔建于宋太祖开宝七年

接着，赵匡胤带领大军返回汴京。后周大臣韩通闻变，忙从内廷飞奔回家，准备组织兵力对抗。走到半路，赵匡胤部下将他杀死。宰相范质、王溥在威胁下屈服。正月初五，赵匡胤废去柴宗训，自己称帝，建国号为宋，定都汴京，史称北宋，改年号为建隆。

▶黄袍加身的宋太祖赵匡胤

杯酒释兵权

面对新政权，后周旧臣中识时务者则俯首称臣，但也有不甘任人摆布者，尤其是昔日与赵匡胤一样手握兵权的将领们。周世宗去世后，怀有帝王野心的人又何止赵匡胤一个？只是赵匡胤捷足先登，使其他人失去机会，但并没有打消他们的念头，他们仍在等待时机去实现自己的帝王梦想，于是太祖精心设计了一场削夺兵权的酒宴。

▶功成身退的大将石守信

建隆二年（公元961年）7月，太祖设宴招待石守信、王审琦等高级将领。酒酣之时，太祖却闷闷不乐。石守信等人忙问原因，太祖遣走左右，说："若非你等出力相助，我怎能有今日？你们的功德，我铭记于心。只是今日做了天子，却常常难以入眠，还不如做个节度使快乐。"石守信等人纳闷，忙问为何。太祖答道："其中缘由极易知晓，做天子如此风光，天下谁人不想？"石守信等人听到话中有话，顿觉气氛不对，均表示如今天命有归，无人敢怀有异心。

不料，太祖却说："纵使诸位无异心，若你们的部下贪图富贵，将黄袍披在你们身上，那也由不得你们了。"此言一出，石守信等人都冒出一身冷汗，皇帝的话分明是怀疑他们有夺位之心。他们都知道臣子一旦被猜忌，后果很严重，便磕头请太祖指点明路。

▲殿试学子们的宋代皇帝

太祖见时机成熟，便直截了当地说："人生如白驹过隙，所谓好富贵者，不过欲多积金银，厚自娱乐，使子孙无贫乏罢了。你们何不释去兵权，购买良田，为子孙立永久之业；多置歌儿舞女，饮酒作乐，颐养天年。如此，我们君臣间毫无猜嫌，上下相安，岂不为好？"石守信等人跟随太祖多年，深知他说这番话是经过深思熟虑，便一齐叩头谢恩。第二天，石守信等禁军将领纷纷上书，称自己有病在身，请求解除兵权。太祖十分高兴，立即同意请求，并赐予大量金银财宝，授予他们有名无实的节度使官衔。之后，太祖又与这些将军结为儿女亲家。

太祖吸取唐末五代藩镇之乱的教训，削夺武将兵权，巩固了帝位。但他并没有采用历史上屠杀功臣的做法，这对于皇帝和武将来说是皆大欢喜的结局，也充分显示出太祖在政治上杰出的御人之术。

◀明朝画家刘俊的《雪夜访普图》，描写的是宋太祖赵匡胤在雪夜中访问宰相赵普的故事。现藏于北京故宫博物院

成吉思汗……
一代天骄

只有其他人都失败，才是真正的成功。

成吉思汗（1162~1227），即元太祖，蒙古开国大汗，杰出的军事家、政治家。名铁木真，蒙古族，孛儿只斤氏。一生富有传奇性，横扫欧亚的辉煌战绩，在中国乃至世界战争史上都是无与伦比的，堪称“一代天骄”。他是蒙古族的民族英雄，对于蒙古族的形成和发展做出了重大贡献。

成吉思汗崛起

公元1162年，铁木真出生于迭里温·孛勒答合（今蒙古国肯特省达达勒县境内）。他属于乞颜·孛儿只斤族。铁木真出生时，正值他的父亲打败了塔塔儿部，俘虏了他们的首领铁木真·兀格，因此就给刚出生的儿子取名为铁木真，以此来纪念自己的胜利。

▲蒙古文化

铁木真9岁时，与弘吉剌部德薛禅之女孛儿帖定亲。随后铁木真便留在孛儿帖家中，而他的父亲在回家途中被塔塔儿人毒害，回家不久后便死去。父亲死后，他的族人们大都逃走了，铁木真母子只好过着采摘野果和捕食鱼鼠的艰难生活。但是泰亦赤兀惕部并没有放过他们，他们视年幼的铁木真为后患，最终将铁木真抓了起来。铁木真暗中逃跑，在泰亦赤兀惕部属民锁儿罕失刺的帮助下才得以脱身。

▶英姿勃发的成吉思汗

艰苦的环境、母亲的教诲以及肩负的复兴大业，使铁木真逐步走向成熟。与蔑尔乞惕部的战争，是铁木真一生当中的第一次战争，它的胜利，不仅增强了铁木真复兴蒙古的信心，而且还为铁木真赢得了在蒙古诸部中的威望。

征服世界的征途

公元1206年，铁木真在斡难河源（今蒙古鄂嫩河）召开忽里台大会，即蒙古国大汗位，号成吉思汗。

勃兴的蒙古汗国在成吉思汗的领导下开始了征服世界的征途。首先，为了消灭世仇金国，先后于公元1205年、公元1207年、公元1209年三次大举入侵西夏，迫使其请和，从而积累了丰富的攻城经验。

▲成吉思汗陵主体建筑

公元 1211 年，成吉思汗开始正式南下攻金。公元 1215 年，蒙古军占领中都，在辽西消灭金守军，攻占北京。曾经雄霸中国北方的金帝国从此一蹶不振。

公元 1218 年，由契丹贵族耶律大石建立的西辽帝国也在成吉思汗追剿乃蛮残部的进军中轰然倒塌。

与此同时，中亚的花剌子模帝国在苏丹摩诃末的带领下建立了一个庞大的伊斯兰帝国，并试图向东方发展。公元 1219 年，其讹答剌城守将将成吉思汗派去通商的 450 名商人杀害。摩诃末苏丹傲慢地拒绝了成吉思汗惩办凶手的要求，并杀害了前去交涉的蒙古使者。面对着遥远而陌生的敌人，成吉思汗祭天 3 日后率 20 万大军西征，向花剌子模发动了战争。战场上的主动权全在蒙古一方，威震西方的花剌子模帝国面对蒙古铁骑几乎毫无还手之力。统治者摩诃末苏丹一路向西逃跑，大将哲别、速不台奉成吉思汗之命穷追不舍，使其逃至里海孤岛病死。哲别、速不台率军继续西进，远抵克里木半岛，阿塞拜疆、格鲁吉亚等国纷纷降伏。

▼威震四方的蒙古铁骑

公元 1221 年，拖雷占领呼罗珊全境。成吉思汗追击新苏丹札阑丁至印度河，不获而还。公元 1222 年，在占领区置达鲁花赤监治。公元 1224 年，成吉思汗起程回国。公元 1226 年，成吉思汗出征西夏。次年西夏亡。

成吉思汗即位后，制定了军事、政治、法律等制度，创制并使用文字，对蒙古族社会的发展起到了积极的推进作用。

公元 1227 年 7 月 12 日，成吉思汗病逝，临终时提出联宋灭金的战略，为统一中国北方、进一步统一中国打下了基础。

▼成吉思汗引兵西征图

朱元璋……大明太祖

高筑墙，广积粮，缓称王。

朱元璋（1328~1398），濠州钟离（今安徽凤阳东北）人，幼名重八，参加农民起义军后改名元璋，字国瑞。元末农民起义军首领，明朝开国皇帝，史称明太祖，卓越的军事家、战略家、统帅。明朝成为中国历史上最后一个汉族封建王朝。

吟诗骂秀才

朱元璋做了皇帝后，爱好吟诗作对，但他对文人墨客却是由戒心到厌恨，常常无事生非，在文人的文章、奏折或表札内挑剔毛病，稍有不恭便会犯了大忌，轻则罢官，重则杀头，弄不好还株连九族。因此，朱元璋在位期间，尤其是到了后期，朝廷内的“文字狱”让那些平日咬文嚼字的老夫子个个提心吊胆。

据说朱元璋对文人如此忌恨，是源于小时候的一次经历。相传，朱元璋被舅舅撵出门后，四处流浪要饭。一日，朱元璋来到旧县（今女山湖镇）狮龙桥酒馆要饭。旧县镇上几个舞文弄墨的家伙聚在酒馆饮酒，一个个脸挂几分醉意，见酒店门口来了个小乞丐，还是个秃头，其中一个想卖弄文才，趁机拿朱元璋开心，提议道：“兄弟们，我们下面行酒令就围绕门上这个要饭的，每人作诗一首，作不出的要罚酒三杯。”其他几个文人一听，都起哄说：“没问题，但每人想的时间不得超过半袋烟的工夫。”有一个文人看了朱元璋几眼，见朱元璋两条浓鼻涕快要拖到嘴边了，拿起筷子向桌边一敲吟道：山下飞出两白龙，不知不觉过草丛。眼看游到黄河边，“嗖”地一声回龙洞。

▶朱元璋雕像

吟完还做深深吸鼻子的动作，引得大家哄堂大笑。他碰碰下一位说:“该你了。”

这位看朱元璋身上穿着件补丁摞补丁的破衣服，腰间系着根稻草绳，草绳上还别着顶无檐的破帽子，拖着一双破鞋，手扶一根打狗棍，“扑嗤”一笑，摇头晃脑地吟道：锦衣金带一美男，帽海鞋江游宇寰。牵着一匹枣红马，晨在河边暮在南。

吟完后不见众人鼓掌，他瞪大眼睛说：“难道是我作得不好？还是你们没注意听？”有人提问道：“你说的那帽海鞋江是什么意思？”刚才作诗之人说：“自古有海无边，江无底之说嘛！”

经他这么一解释，大家细看朱元璋腰里别着的破帽子和脚下拖着的破鞋子，一边笑着，一边鼓掌说：“好！好！”

这时朱元璋气得脸色发青，心想你们不给也就算了，还在这卖弄文才，拿我寻开心，真是一帮坏家伙！朱元璋“呸”地吐了一口痰，愤愤地说：“有朝一日我得天下，首先要你们这些酸溜溜的家伙好看。”说完调头就走。

后来朱元璋当了皇帝，果然没忘那天的受辱之事，专找文人毛病，捏着过错就砍就杀，酿成了震惊朝野的“文字狱”，很多文人墨客根本不敢吟诗作对。

反腐倡廉

朱元璋登基后不久，下令设专人每天五更时在谯楼上吹起号角，并高唱：“为君难，为臣又难，难也难；创业难，守成更难，难也难；保家难，保身又难，难也难！”

为了防止功臣们居功自傲，朱元璋特令工部制造了一种申诫公侯铁榜，对他们可能发生的各种不法行为逐项规定了处罚标准。洪武十八年前后，朱元璋将自己编写的四本诰书印发给各位官员，让他们认真学习，引以为戒。

洪武二十五年（公元1392年），他又亲自编写了《醒贪简要录》，亲自在奉天门向百官宣读。每次诛杀贪污受贿的案犯时，朱元璋都要下令刑部将其罪行印发至各级衙门，广为张贴，还下令官员都要到刑场观斩，以受教育。

他还经常表扬并越级提拔清正廉洁的官员，以树典型。陶后仲在福建任按察使时，惩治贪官数十人，尽除宿弊，抚恤军民，朱元璋下令对其大力表彰。某官员曾向河南按察司佥事王平行贿，王平反而将其抓起来送审。朱元璋得知后，嘉奖了他，并提拔他任都察院左佥都御史。

对于能善始善终的循吏清官，朱元璋不仅给予重赏，还为他们修建府第；清官寿终时，朱元璋还亲自为其撰写祭文，以彰其德；他还命人将清官廉吏的事迹列入《彰善榜》、《圣政记》中，让其千古流芳……

正因为朱元璋下狠心反腐倡廉，明朝初期才出现了一批如陶安、陶后仲、郑士元、方克勤那样的清官，使得明初的政治清明，深得老百姓的拥护。

▲明太祖朱元璋的陵墓

康熙……
开创盛世

心欲细而胆欲大。

康熙（1654~1722），清朝第二代皇帝。姓爱新觉罗，名玄烨，满族人。他8岁继承皇位，称清圣祖。因他在位时年号为康熙，故人们称为康熙皇帝。康熙皇帝，一生励精图治，政绩卓著，除鳌拜，平三藩，统一台湾，平定漠北，亲征雅克萨，击败俄罗斯，稳定中国疆域，其仁德在乾，功勋于坤，因此流芳百世，光照千秋。

少年康熙擒鳌拜

康熙帝即位时，年仅8岁。按照顺治帝的遗诏，由四个满族大臣帮助他处理国家大事，叫做辅政大臣。四个辅政大臣中，有一个叫鳌拜，倚仗自己掌握兵权欺负康熙帝年幼，独断专横。别的大臣和他意见不合，就遭到排挤打击。

康熙14岁开始亲政后，两人的矛盾愈来愈深，于是康熙帝决心除掉鳌拜。他派人物色了一批十几岁的贵族子弟担任侍卫，这些少年个个长得健壮有力。康熙帝把他们留在身边，天天练摔跤。

▲鳌拜独断专横、飞扬跋扈，最后被康熙设计除掉

鳌拜进宫去，常常看到这些少年吵吵嚷嚷在御花园里摔跤，只当是孩子们闹着玩，并没在意。

有一天，鳌拜接到康熙帝命令，要他单独进宫商量国事。鳌拜像平常一样大模大样走进宫。刚跨进内宫的门槛，忽然一群少年拥了上来，围住了鳌拜，有的拧胳膊，有的拖大腿。鳌拜虽然是武将出身，力气也大，可是这些少年人多，又都是练过摔跤的，鳌拜招架不住，一下子就被打翻在地。任凭他大声叫喊，也没有人搭救他。

鳌拜被抓进大牢，康熙帝马上要大臣调查鳌拜的罪行。大臣们认为，鳌拜专横跋扈，罪行累累，应该处死。康熙帝从宽发落，把鳌拜的官爵革了。

康熙帝用计除掉了鳌拜，朝廷上下都很高兴。一些原来比较骄横的大臣知道这个年轻皇帝的厉害，也不敢在他面前放肆。

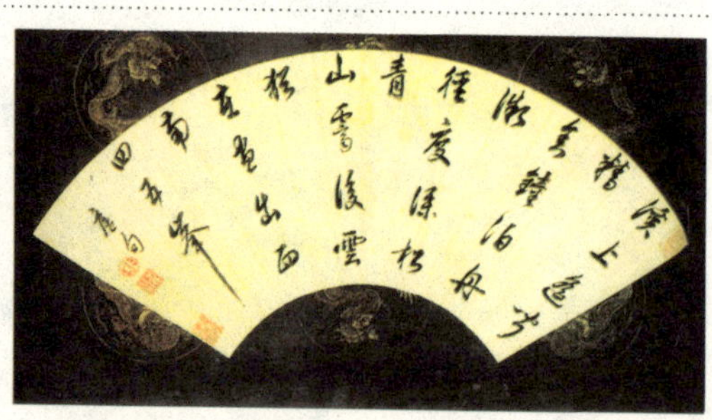

▲康熙手迹，现藏于台北故宫博物院

喜读书 爱英才

▲康熙习书写字图

康熙帝自幼就发愤苦读，青年时代读书过劳，甚至咳血；三藩乱起，京师震恐，他日理万机，读书不停；南巡时，每每读书到三更；暮年，仍手不释卷。他通晓多种民族语言、数种外语；精通诗词歌赋，喜欢琴棋书画；他是最早向西方学习的开明君主，曾对数学、天文、地理、医学、生物学、解剖学、农艺学、工程技术有浓厚的兴趣。

康熙不仅喜读书，而且爱英才。有一次，康熙南巡私访，路过杭嘉湖旁的梅会里，看到池塘边草亭里坐着一个50多岁的老汉。天气寒冷，池塘结冰，老汉却敞开衣襟晒太阳。康熙感到奇怪，问他为何要这么做，老汉幽默地说道：“肚里装的书太多了，时间一长都发霉了，只得敞开来晒晒太阳!”

康熙知道他有学问而不得志，回京后便立即召见他。他果然带来自己的81卷著作。康熙浏览一番，发现这是一部字迹秀雅颇有价值的巨著，对他说：“你以后不用再晒肚皮了，就留在京城吧。”不久，封他为翰林院编修，赐匾额写有四个大字“研经博物”。这个老人就是文学大家朱彝尊。他擅长诗文，诗与王士祯齐名。他是清初浙西词派的代表，和以陈维崧为代表的阳羡派在词坛并峙称雄。

被困煤窑

康熙亲政后不久，臣下向他禀报门头沟一带“关门窑”的情况，他听了以后半信半疑，想亲自去查个究竟。

有一天，他装扮成平民只身前往门头沟私访，走到过街塔附近，看见一伙像罪犯一样的窑工被人领着往窑坑走去，他也随着那伙人往坑下走。走着走着，便闻到一股股烂肉的臭味，他借着油灯的微光仔细一看，不由得大吃一惊，原来臭味是坑道边上一些死人发出来的，康熙心里发怵了。康熙一心想着爬出坑口返回城里，施展他的权威，却忘记了这里是关门窑，此时已身不由己。当他刚向坑口爬时，冷不防挨了一鞭子，被人用脚踢得滚了下来。他一怔，随即清醒过来，一狠心张嘴咬破了中指，用自己的鲜血在煤石上写了几句诗：真龙被困关门窑，过街塔下好心焦。血染煤石传圣旨，快快还我大清朝。诗的落款是“康熙御血题记”。

▲康熙视察永定河碑

朝廷的大臣们找不到皇帝，一个个急得团团转，立即派人四处查巡，在景山煤堆上发现了一块写着血字的煤石，才知道皇帝被困在煤窑里了。后来，人们就把康熙皇帝题诗的那块煤石称为“御血石”。

孙中山……

开国先父

哪里有天才，我是把别人喝咖啡的工夫都用在学习上的。

孙中山（1866~1925），近代民主革命的先行者。名文，字德明，号日新，后改逸仙；在日本从事革命活动时曾化名中山樵。孙中山一生都在为中国革命而奔走，为了改造中国耗尽毕生的精力，在历史上建立了不可磨灭的功勋，在政治上也为后继者留下珍贵遗产。

投身民主革命

中法战争中，孙中山目睹清政府的卖国、专制和腐败，开始产生反清和以资产阶级政治方案改造中国的思想，经常发表反清言论，同时与早期的改良主义者何启、郑观应等有所交往。1892 年，孙中山毕业于香港西医书院，随后在澳门、广州等地一面行医，一面结纳反清秘密会社，准备创立革命团体。1894 年，孙中山上书直隶总督、北洋大臣李鸿章，提出“人能尽其才，地能尽其利，物能尽其用，货能畅其流”的改革主张，但未被接受。

▲孙中山先生珍贵的手迹，充分体现了其充满人性关爱的政治主张

同年 11 月，孙中山在檀香山组织兴中会。1895 年 2 月，在香港联合当地爱国知识分子的组织辅仁文社，建立香港兴中会。同年 10 月，兴中会密谋在广州起义，事泄失败，孙中山被迫流亡海外。1900 年 10 月，孙中山派郑士良到广东惠州（今惠阳）三洲田发动起义。义军奋战半月，开始颇为得手，后因饷械不继而失败。

戊戌变法以后，因日本友好人士的活动，孙中山与康有为、梁启超为代表的改良派曾商谈过合作问题，但因改良派坚持保皇，反对革命，合作未能实现。

1904 年，孙中山在日本、檀香山、越南、暹罗（今泰国）、美国等地对华侨及留学生宣传革命。1905 年，在比、德、法等国的留学生中建立了革命团体，在此期间也与国内的革命团体和革命志士建立了联系。

创建同盟会

1905 年 8 月，孙中山与黄兴等人以兴中会、华兴会等革命团体为基础，在日本东京创建全国性的资产阶级革命党同盟会，孙中山被推举为总理，他所提出的“驱除鞑虏，恢复中华，创立民国，平均地权”的革命宗旨被采纳为同盟会纲领。在同盟会机关报《民报》发刊词中，孙中山首次提出民族、民权、民生三民主义。

同盟会的成立，有力地促进了全国革命运动的发展。他派人到国内外各地发展组织、宣传革命。孙中山成为中国民主革命的旗帜，他领导的对改良派的批判，为辛亥革命的爆发做了有力的思想准备。1906~1911年，同盟会在华南各地组织多次武装起义，孙中山为起义制定战略方针，并在海外奔走，为起义筹募经费。

推翻封建帝制

1911年10月10日，武昌起义爆发，各省纷纷响应。孙中山在美国得知消息后，12月下旬回国，即被17省代表推举为中华民国临时大总统。1912年1月1日，孙中山在南京宣布就职，组成中华民国临时政府。1912年2月12日，清朝宣统帝（溥仪）被迫宣布退位，中国结束长达2000多年的君主专制制度，建立了共和国。孙中山制定和公布一系列改革和进步的法令，3月11日，颁布带有资产阶级共和国宪法性质的《中华民国临时约法》。

▲就任临时大总统期间的孙中山先生

由于受到帝国主义、封建主义的强大压力与革命党本身的涣散无力，孙中山被迫在清帝退位后，于1912年2月13日辞去临时大总统职，让位于袁世凯，4月1日正式解职。此后一年多，孙中山积极宣传民生主义。7月发动二次革命，失败后再度出亡日本。1914年6月，孙中山在东京组织中华革命党，希望恢复和发扬同盟会的精神。袁世凯复辟帝制失败，孙中山于1915年5月初回到国内，继续为捍卫共和制度而斗争。

创建黄埔军校

1924年5月，孙中山在苏联和中国共产党的帮助下建立了“陆军军官学校”，全称为“中国国民党陆军军官学校”。因其校址设在广州的黄埔岛上，亦称“黄埔军官学校”，简称“黄埔军校”。1926年1月更名为“中央军事政治学校”，国共两党都派出重要干部到校任职。孙中山任学校总理，亲自定了“精诚团结”的校训。

▲黄埔军校旧址

黄埔军校自创建至1927年4月共举办过4期，培养出一支保卫广州革命政权和进行北伐战争的骨干力量。他们中的很多人成为中国共产党军事力量的领导骨干。

在第二次讨伐陈炯明叛变的“东征”战斗中，有许多学员参加了实际战斗，为保卫广东革命政权、稳固北伐后方做出了贡献。黄埔军校是当时非常著名的革命军事学校，不仅它的学员积极参加了“五卅”、“沙基”和收回教育权等政治运动，而且毛泽东、鲁迅等许多知名人士曾亲临学校演讲。但是，后来蒋介石叛变革命，黄埔军校开始变质，成为蒋介石对付中国共产党的工具。

乱世英豪

Part 2

在硝烟弥漫的战场上，走来一批历经战火洗礼的英雄人物，他们备受推崇，影响深远。有被称为“东方兵学鼻祖”的孙武；有力能扛鼎、才气过人的西楚霸王项羽；有百折不挠、虚怀若谷的一代兵仙韩信；有精忠报国、直捣黄龙的岳飞；有再造唐朝、功高盖世的郭子仪……，他们创造了战争史上的一个又一个神话，推动了历史发展的脚步。

孙武……
兵家鼻祖

上下同欲者胜。

孙武（约公元前6世纪末～公元前5世纪初），字长卿，齐国乐安（今山东博兴北，一说惠民）人。中国古代军事学的奠基人。所著《孙子兵法》是中国乃至世界上现存最早的兵书。

避隐吴国著兵法

贵族家庭给孙武提供了优越的学习环境，使他得以阅读古代军事典籍《军政》，了解黄帝战胜四帝的作战经验以及伊尹、姜太公、管仲的用兵史实。加上当时战乱频繁，兼并激烈，他的祖父、父亲都是善于带兵作战的将领，他从小也耳闻目睹了一些战争，这对少年孙武的军事能力的培养非常重要。但孙武生活的齐国，内部矛盾重重，危机四伏。

孙武对此极其反感，不愿纠缠其中，萌发了远走他乡、另谋出路的念头。当时南方的吴国自寿梦称王以来，联晋伐楚，国势强盛，很有新兴气象。

孙武认定吴国是他理想的施展才能和实现抱负的地方。大约在齐景公三十一年（公元前517年）左右，孙武正值18岁的青春年华，他毅然离开乐安，告别齐国，长途跋涉，投奔吴国而来。

孙武来到吴国后，便在吴都（今苏州市）郊外结识了从楚国而来的伍子胥。伍子胥原是楚国的名臣，公元前522年，因父亲伍奢和兄长伍尚被楚平王杀害而潜逃到吴国。他立志兴兵伐楚，为父兄报仇。孙武结识伍子胥后，十分投机，结为密友。这时吴国的局势也在动荡不安之中，两人便避隐深居，待机而发。

公元前515年，吴国公子光利用吴国伐楚、国内空虚的机会，以专诸为刺客，袭杀吴王僚，然后自立为王，称阖闾。阖闾即位后，礼贤下士，任用伍子胥等一批贤臣。他又体恤民情，不贪美味，不听淫乐，不恋女色，注意发展生产，积蓄粮食，建筑城垣，训练军队，因而大得民心，吴国呈现出一派欣欣向荣的景象。

阖闾又注重搜求各种人才，立志要使吴国更加强盛，既而向长江中游发展，灭楚称雄。隐居吴都郊外的孙武由此更加看清自己的前途，他在隐居之地，一边灌园耕种，一边写作《孙子兵法》，并请伍子胥引荐自己。《孙子兵法》讲的全部是如何克敌制胜的战略战术，全书构成了一个严密的体系。《孙子兵法》被称为“兵经”，孙武也被古今中外的军事家一致尊崇为“兵家之祖”。

▲位于孙武故里的孙子兵法城内孙武正在向吴王讲解兵法的复原塑像

项羽……
西楚霸王

力拔山兮气盖世，时不利兮骓不逝。骓不逝兮可奈何！虞兮虞兮奈若何！

项羽（公元前232~公元前202），名籍，字羽。下相（今江苏宿迁西南）人。秦末重要的反秦领袖之一，也是一位杰出的军事统帅。在推翻秦朝统治的过程中起了关键作用。秦亡后自封西楚霸王。项羽力能扛鼎，才气过人。

破釜沉舟

项羽是楚国贵族的后代，他和他的叔父项梁一直都想恢复楚国。

项梁能文能武，在会稽郡结交了许多人，很快就拉起了一支8000人的队伍。这支队伍打过长江，又渡过淮河，一路上又有很多支队伍投奔了他们。

▲项羽力能扛鼎，作战勇猛

项梁找到楚王的后代，立他为楚怀王。不久，秦国大将章邯发动了一次猛烈的反击，项梁在这次大战中被杀死。项羽愤怒极了，立志要给叔父报仇。

项羽的勇猛，在巨鹿（今河北平乡）之战中充分显示出来。他首先切断秦军运粮的道路，把秦军的兵力分割成两部分，然后再向秦军猛攻。他率兵渡河以后，命令将士：每人只带三天的干粮，把军队做饭的锅全砸了，把渡河的船全部凿沉，并对将士们说："这次打仗，有进无退，三天之内，一定要打败秦军!"楚军把秦军包围起来，在项羽的指挥带领下，将士们越战越勇。经过九次激烈的战斗，杀得秦军死的死，逃的逃，活捉了秦将王离。

▲位于江苏省宿迁市的项羽戏马台

其他各路攻打巨鹿的起义军人马，都怕秦军，不敢正面进攻，都在观望，听到楚兵震天动地的喊杀声，登高看到楚兵横冲直撞杀进秦营，势不可当，纷纷缴械归降。项羽实际成了各路起义军的首领。

自任西楚霸王

公元前206年，项羽入关后，派人向楚怀王报告并请示封王事情。怀王坚持过去的盟约"率先进入并平定关中的为王"，任命刘邦统治关中。项羽对此气愤不已，于是名义上仍尊奉楚怀王为义帝，让他仍旧居住在盱眙（今江苏盱眙东北）。2月，项羽自立为西楚霸王，设都彭城（今江苏徐州），并分封了18个诸侯王。

项羽本来不想让刘邦为关中王，又担心背负违约之名，于是与范增策划说：“巴、蜀地方道路险峻，秦朝被流放的人都居住蜀地，而且巴、蜀两地也地处关中。”因此封刘邦为汉王，统治巴、蜀、汉中等地，设都南郑（今陕西汉中），并将关中一分为三，分封给秦朝的3个降将，借以阻挡汉王东向的通道：章邯为雍王，掌管咸阳以西，设都废丘（今陕西兴平东南）；司马欣为塞王，掌管咸阳以东、黄河以西，设都栎阳（今陕西临潼东北）；董翳为翟王，掌管上郡，设都高奴（今陕西延安东北）。

四面楚歌

项羽作战十分骁勇，但是他脾气暴躁，杀人无数。秦国大将章邯后来率兵投降了项羽，但在进入咸阳（秦国都城）前，项羽知道投降的秦兵情绪不稳，怕管不住降兵，结果除了章邯和两个降将外，一夜之间把20多万秦兵全部缴了械，统统活埋在大坑里。

项羽居功自傲，不善用人，使周围一批谋士有才干而不得发挥，有的去投靠了刘邦。结果被势力日益强大的刘邦设下了十面埋伏，包围在垓下（今安徽灵璧东南）。

当天晚上，项羽在大帐中愁眉不展，汉营兵士的歌声伴着阵阵西风吹来。项羽一听，四面唱的都是楚人的歌，他感到自己大势已去，说：“难道刘邦已经打下我的家乡西楚了吗？汉营中怎么会有这么多楚人呢？”

当夜，他跨上乌骓马，率领子弟兵突围，与追兵厮杀，兵士们伤亡很多，到了乌江（今安徽和县东北）边时，只剩下26人。

恰巧乌江的亭长有一条小船停在岸边，亭长劝项羽渡江，回家乡去。项羽苦笑说：“我率8000子弟兵起兵，今天只有我一人回去，我有什么脸再见父老乡亲。这是天叫我灭亡，不是我打不过他们。”他把乌骓马送给了亭长，和26名兵士拿着短刀，又跟追上来的汉兵肉搏起来，杀了很多汉兵，26名兵士全部战死。项羽身负十几处伤，在乌江边拔剑自刎。这个威震秦兵，有万夫不挡之勇的霸王，在四面楚歌声中，结束了自己的一生。

▲戏剧大师梅兰芳与杨小楼先生合作出演的《霸王别姬》

▲为纪念项羽心爱的坐骑乌骓马而建的乌骓亭

韩信……
一代兵仙

> *登坛不是萧何荐，高祖何缘得见奇。*
>
> ——杨守正

韩信（？～公元前196），汉初军事家。兴汉的三杰之一，淮阴（今属江苏）人。自幼熟读兵书，怀安邦定国之抱负。他也是一名将中国的"忍"字哲学发展到极致的军事家，其谋略与兵法俱为一时之冠，其成就更是功高盖世。

聪明过人

韩信小时候就爱动脑筋，聪明过人。传说有一天，街上两个卖油人正在争吵不休。韩信恰巧路过，出于好奇，呆呆地看着。不一会儿他就明白，原来这两个人合伙卖油，因意见不合，准备把油桶里剩下的10斤油平分后各奔东西，又为了分油不均而争执不休。

◀位于韩信故里的韩信雕像，寄托着人们对他的无限追思和敬仰

韩信仔细端详，他们手头没有秤，只有一个能装3斤的油葫芦和一个能装7斤的瓦罐。他们用油桶倒来倒去，双方总不满意，因而吵嚷起来。

有没有办法把油分精确呢？韩信面对两个各不相让的卖油人和眼前的油桶、瓦罐、油葫芦，默默沉思着。他忽然眼前一亮，大声说："你们不要吵了，没有秤，也能够分均匀！"说着，他把办法告诉了卖油人。按照韩信的办法，两个人重新再分，果然都很满意。

原来，韩信的方法是，先用油葫芦连装3次，共装9斤，将7斤的瓦罐注满后，油葫芦里还剩2斤。然后将瓦罐的7斤再全部倒入油桶，这时油桶里是8斤油。再将油葫芦内的2斤油全部倒进瓦罐。最后用空葫芦在油桶里灌满（3斤），倒进瓦罐。这样，油桶里剩下的油和瓦罐中装的油都正好是5斤。双方各分一半，恰好各人所得完全相同。

▲韩信故里的韩信钓鱼台

胯下受辱

一天，韩信在街上闲逛，一个无赖少年迎面挡住韩信的去路，故意侮辱他说："韩信，你平时腰里总挂着个宝剑，有什么用？别看你个头高，不过是一个外强中干的懦夫。"围观的人都哈哈大笑起来。那无赖见状，更加得意："如果你不怕死，就拿剑来刺我。如果你没有

这点勇气，贪生怕死，就从我的裤裆下钻过去。”说着便叉开两腿，作骑马式，立在街上。韩信看了看那个无赖，虽然感到很难堪，最后还是忍气吞声地伏下身子，从那无赖的胯下钻了过去。在场的人哄然大笑，那无赖也显得神气十足。但韩信却像什么事情都未发生似的，起身而去。于是，这件事成为当时淮阴家喻户晓的笑谈。其实，胯下受辱的经历恰恰表现了韩信的忍辱负重、大智若愚的非凡气度。少年时这一特殊的经历足见韩信百折不挠、虚怀若谷的性格，而这一性格成了他日后成为杰出将领的潜在条件。

▲明清时彩绘陶瓷作品《萧何月下追韩信》

叱咤风云

汉高祖五年（公元前 202 年）十二月，楚汉两军在垓下（今安徽灵璧南）展开决战。刘邦以韩信为主将，统一指挥各路大军。项羽指挥 10 万楚军，从正面向汉军阵地猛攻。韩信采用典型的侧翼攻击战法，令汉军中军稍稍后退，避开楚军锐气，而将两翼展开，实行侧击，然后再令中军推进，一下子完成了合围。入夜，韩信令汉军四面唱起楚歌，终使楚军丧失斗志，将其一举聚歼于垓下。项羽见大势已去，慷慨自刎于乌江边。历时 5 年的楚汉战争以汉王刘邦夺得天下而告终。

▲韩信印

韩信以项羽帐下执戟卫士的低微身份，几年内登坛拜将，屡建奇勋，终于成为左右楚汉战争的一方诸侯。

韩信的军事才能令刘邦极度不安，因此在项羽败亡后，即夺其兵权，继又黜为淮阴侯，软禁于刘邦身边。一天，刘邦问韩信：“你看我能带多少兵?”韩信答：“陛下不过能带 10 万之军。”刘邦又问：“你呢?”韩信怔了一下，突然狂傲地大笑：“我是多多益善啊!”因此后人常说，“韩信将兵，多多益善”。

韩信的绝世军功和才华终于招来了杀身之祸。汉高祖十一年（公元前 196 年），吕后担心刘邦死后韩信篡位，因此与萧何合谋将韩信诱骗至长乐宫的钟室，以谋反罪名杀害，留下了“成也萧何，败也萧何”一说。

▲为纪念刘邦拜韩信为大将而建的拜将台

班超……
书生使节

不入虎穴，焉得虎子。

班超（32~102），东汉扶风平陵（今陕西兴平境内）人。东汉著名的军事家和外交家。

投笔从戎

汉光武帝建立东汉王朝以后，请了一个大学问家班彪整理西汉的历史。班彪有两个儿子名叫班固、班超，一个女儿叫班昭，从小都跟父亲学习文学和历史。

▶班超的哥哥班固

班彪死后，汉明帝命班固做兰台令史，继续完成他父亲所编写的历史书籍，就是《汉书》。

班超跟着哥哥做抄写工作。兄弟俩都很有学问，性情却不一，班固喜欢研究百家学说，专心致志写他的《汉书》。班超不愿意总伏在案头写东西，认为这样下去实在没有出息。

有一天，他听到匈奴不断侵扰边疆，掠夺居民和牲口，就扔下笔，气愤地说："大丈夫应当像张骞那样到塞外去建功立业，怎么能老死在书房里呢。"

就这样，他决心弃笔从戎。班超从军以后，跟随在大将军窦固的麾下，屡建奇功。

不入虎穴，焉得虎子

▲班超的妹妹班昭

汉朝为了根除匈奴的侵扰，就派遣班超作为使节出使西域。班超手持汉朝的节杖，带领着由36人组成的使团出发了。

他们首先来到鄯善国。鄯善国王早就知道汉朝是一个泱泱大国，国力强盛，人口众多，不容小视，现在又见汉朝使者庄重威仪，颇有大国之风，果然名不虚传，就殷勤地招待了他们。

◀派班超出使西域的汉明帝刘庄

几天后，班超发现鄯善王忽然对他们冷淡起来，便起了疑心，跟随从的人员说："你们看出来了吗？鄯善王对待咱们跟前几天不一样，我猜想一定是匈奴的使者到了这里。"话虽这样说，毕竟只是一种猜测。

刚巧鄯善王的仆人送酒食来，班超装作早就知道的样子说："匈奴的使者已经来了几天？住在什么地方？"

鄯善王和匈奴使者打交道，本来是瞒着班超的。那个仆人被班超的话语吓到，以为班超已知道这件事，只好老实回答说："匈奴的使节来了3天了，他们住的地方离这儿30里地，还带了100多个全副武装的随从和护卫。"

▲班超出使西域浮雕

班超立刻召集36个随从人员，对他们说："匈奴果然已经派来了使者，动摇了鄯善国王，现在我们已处于极度危险之中，如果再不采取有效措施，等鄯善国王被说服，我们自身难保是小事，国家交给的使命也就完不成了。大家说该怎么办？"

大家齐声答道："我们服从您的命令！"

班超猛击了一下桌子，果断地说："不入虎穴，焉得虎子！现在我们只有下决心消灭匈奴，才能完成使命！"

当天夜里正刮大风，班超带领36名勇士悄悄来到匈奴使者的驻地。

他布置10个勇士拿着鼓，藏在匈奴使者的房舍后，并跟他们约定，见火烧起来就打起鼓大喊大叫。其余的勇士都拿着武器，埋伏在大门两侧。

一会儿，班超顺着风势把火烧起来，顷刻之间战鼓齐鸣，杀声四起。匈奴人惊慌失措，乱成一团，结果跑出一个，就被杀死一个。

班超亲手杀死3个敌人，勇士们杀了匈奴使者和随从30多人，还有100多人被烧死。

第二天，班超提着匈奴使者的头去见鄯善国王，当面指责他的善变："您太不像话了，既答应和我们结盟，又背地里和匈奴接触。现在匈奴使者已全被我们杀死了，您自己看着办吧。"

鄯善国王又吃惊又害怕，很快就和汉朝签订了同盟协议。

就这样，经过班超等人的不懈努力，其他西域小国也相继跟汉朝和好，班超终于圆满地完成了使命。

班超经营西域27年，屡建奇功，直到71岁才因病回到洛阳，不到一个月就因病情加重而去世。

▲史载，公元1世纪，盘橐城是当时疏勒国的宫城，后来，它成了班超经营西域的大本营，它的名字和班超的事业连在一起，所以有的史料上干脆呼其为"班超城"

岳飞……
精忠报国

三十功名尘与土，八千里路云和月。莫等闲，白了少年头，空悲切。

岳飞（1103~1142），字鹏举，相州汤阴（今属河南）人。南宋初期的抗金名将。他戎马一生，捍卫了南宋的半壁江山。绍兴十年（1140），他统率岳家军大破金兵于郾城，进军朱仙镇，准备渡河收复中原失地。但朝廷执行投降政策，勒令其退兵。后被赵构、秦桧以莫须有的罪名杀害。

岳母刺字

岳飞从小家境贫寒，食不果腹，但他受母亲的严教，性格倔强，为人刚直。一次，岳飞有几个结拜兄弟，因为没有饭吃，要去拦路抢劫，他们来约岳飞。岳飞想到母亲平时的教导，没有答应，并且劝他们说："拦路抢劫，谋财害命的事情，万万不能干！"众兄弟再三劝说，岳飞也没动心。

岳母从外面回来，岳飞一五一十地把情况告诉了母亲，母亲高兴地说："孩子，你做得对，人穷志不穷，咱不能做那些伤天害理的事！"

岳飞十五六岁时，北方的金人南侵，宋朝当权者腐败无能，节节败退，国家处在生死存亡的关头。一天，岳母把岳飞叫到跟前，说："现在国难当头，你有什么打算？"

"到前线杀敌，精忠报国！"

岳母听了儿子的回答，十分满意，"精忠报国"正是母亲对儿子的希望。她决定把这四个字刺在儿子的背上，让他永远铭记这一誓言。

岳飞解开上衣，请母亲下针。岳母问："你怕痛吗？"岳飞说："小小钢针算不了什么，如果连针都怕，怎么去前线打仗！"岳母先在岳飞背上写了字，然后用绣花针刺了起来。刺完之后，岳母又涂上醋墨。

▶岳母刺字

从此，"精忠报国"四个字就永不褪色地留在了岳飞的后背上。

卖国贼秦桧

秦桧本来是北宋时期的大臣。当宋徽宗、宋钦宗两个皇帝被金兵俘虏到北方去的时候，秦桧和他的妻子王氏也跟随他们一起被俘到金国。金太宗认为他很有才干，就把他派到大将挞懒部下当军事参谋。

这时候，金国发现南宋抗金力量越来越强大，又有岳飞、韩世忠等大将坚决主张抗战，不好对付，就决定把秦桧放回南方充当内奸。公元1130年，挞懒攻打楚州（今江苏淮安）的时候，秦桧和他的妻子回到了南宋。

当时的宰相范宗尹跟秦桧交往甚密，竭力在高宗面前帮秦桧说话，并且说秦桧是个既可靠又能干的人才。宋高宗本来日思夜想要跟金国讲和，听说秦桧从金国回来，熟悉金国内情，立刻召见秦桧。

宋高宗接见秦桧后，觉得秦桧的主张很合他口味。他任命秦桧做礼部尚书，过了 3 个月，又提升他当副宰相；再过半年，秦桧已成为宰相兼枢密使，掌握了南宋军政大权。

秦桧当了宰相之后，就干起卖国求和的勾当来，但是昏庸的宋高宗却把秦桧当做心腹看待。秦桧利用他的权力和地位，勾结金国，千方百计破坏抗金将领的活动。听到岳飞连战连胜，准备直捣黄龙府，大为恐慌。于是，他就唆使宋高宗发出命令，要岳飞从前线撤兵。

岳飞突然接到宋高宗的撤兵命令，不知所以。他派人送奏章给高宗说：金兵已经丧尽士气，我军士气高涨，胜利就在眼前，时机不能错过。他请求高宗取消撤兵命令，允许他继续进军。

秦桧接到岳飞奏章，又想了一个恶毒的手段，先命令张俊、刘光世等大将的人马从淮北前线撤兵，然后对高宗说，岳飞的军队在中原已经成为孤军，不能再留，让宋高宗发出紧急金牌，命令岳飞撤军。

岳飞在前线等待高宗的进军诏令，没想到接到的却是朝廷催促退兵的紧急金牌。岳飞接到第一道金牌，正在犹豫，送金牌的快马又到了。从早到晚，快马一个接一个，一连接到 12 道金牌。岳飞知道要改变高宗的决定已经没有希望，气愤地说："想不到我 10 年来的努力，一下子全给毁了。"

岳飞要从朱仙镇退兵的消息一传出去，附近的百姓十分震惊，纷纷聚集在街头。他们拦住岳飞的马，哭泣着说："我们顶着香盆，运着粮草，迎接官军，这是金人都知道的事。现在将军要回去，我们只有死路一条了。"

岳飞看到这个情景，也禁不住流下眼泪，他拿出高宗的诏书来给大家看，说："朝廷下了紧急金牌，我不能擅自做主留在这里啊！"百姓们见留不住岳飞，都放声痛哭；兵士们也个个心酸，掩着脸哭，整个朱仙镇响起一片哭声。

金兵得知到岳家军已经撤走了，马上重整旗鼓，向南进攻。

秦桧和宋高宗决心向金国求和。他们怕岳飞、韩世忠等人阻挠，把他们召回京城，让韩世忠做枢密使，岳飞做枢密副使，名义上是提升，实际上是解除了他们的兵权。

▲秦桧一干人陷害忠良，为后人所不齿

戚继光……驱逐倭寇

南北驱驰报主情，江花边草笑平生。一年三百六十日，都是横戈马上行。

戚继光（1528~1587），字元敬，号南塘，晚号孟诸，山东蓬莱人（一说祖籍安徽定远，生于山东济宁）。明代抗倭名将，民族英雄，杰出军事家。出身将门，自小立志疆场，保国卫民，曾挥笔写下“封侯非我意，但愿海波平”的名句。

忍痛斩子

明朝时候，倭寇经常侵犯台州沿海地区的居民，皇帝派戚继光将军到这里抗击倭寇。戚将军的部队纪律严明，打仗勇敢，经常把倭寇打得大败。有一次，倭寇准备从海门上岸，到临海、仙居一带抢劫。戚将军得知后，一方面命令他的儿子带兵埋伏在花冠岩，一方面自己带兵假装败退，把倭寇引到界岭头，准备等敌人进入包围圈后，再两军夹攻，一举全歼。

戚小将军年纪较轻，交战心切，没等敌人全部进入包围圈就下令出击，结果大部分倭寇逃跑了。这一仗虽然打死倭寇800多人，但戚将军却认为儿子犯了军令，没有按计划行事，要按军法把儿子处斩。

部将们得知这一消息，都跪在地上求情。但戚继光不答应，他说：“我是一军之帅，如果我的儿子违犯军令可以不杀，那我以后怎么带兵？我的命令谁会执行？”结果在白水洋上街水井口，戚继光忍痛杀了儿子。

▶屹立于黄崖关长城之上的戚继光雕像

后来老百姓为纪念戚小将军，在他被杀的水井口用小石头铺起了花样石子街，叫“水井口花街”，又在花冠岩附近建造一个殿，叫“太尉殿”，让世人永远记住这位戚小将军，也永远记住戚继光从严治军、铁面无私的品德和抗击倭寇的伟大功绩。

▶戚继光故里表功祠

爱国英雄

戚继光出身将门，受父亲影响，从小喜爱军事，并立志做一个文武全才的人。当时，中国沿海常常受到倭寇的侵扰，戚继光十分痛恨倭寇的暴行，16 岁时，他曾经写下一首诗："封侯非我意，但愿海波平。"意思是说，做官并不是他的愿望，他的愿望是祖国海疆的平静。17 岁那年，他继承父亲的职务，开始了金戈铁马的军事生涯。戚继光一上任，摆在他面前的严峻问题就是倭寇为患。

倭寇是指日本内战中的一些残兵败将，以及部分浪人和商人，从 14 世纪元代末年到明代初年，他们经常驾驶海盗船只，在中国沿海一带打家劫舍，杀人放火。

▶戚继光创造的『鸳鸯阵』模型

到了 15 世纪下半叶，倭寇越来越猖狂，他们与中国沿海一带的土豪奸商相勾结，有的甚至深入内地，攻陷州县，倭寇成了中国东南沿海的一大祸害。

1555 年，由于戚继光在山东抗倭寇有方，朝廷把他派往浙江，任定海参将。这里是倭寇活动的中心地区，戚继光组织了一支由农民、矿工组成的军队。他还根据中国南方沼泽多，倭寇又惯于用重箭、长枪作战的特点，创造了一种"鸳鸯阵"，这是和敌人进行短距离肉搏的战斗组合。

在战斗中，戚继光的军队先以火器、弓箭作掩护，敌人进入百步之内发火器，进入 60 步内发弓箭，敌人再进，便用"鸳鸯阵"冲杀。

这支 4000 多人的新军，经过戚继光的严格训练，精通战法，军纪严明，战斗中屡战屡胜，深受人民的爱戴，人民称这支军队为"戚家军"。

▶戚家军平倭图

▶令倭寇闻风丧胆的『戚家军』

1561 年，倭寇数千人，驾 100 多只战船，大举侵犯浙江台州地区。戚家军闻讯，神速迎敌，在台州一带九战九捷，全歼敌人，从此倭寇闻风丧胆。因为戚继光英勇善战，军功卓著，很快得到升迁，转战到福建。

在戚继光和其他将领的共同努力下，抗倭战争节节胜利，浙江、福建等沿海地区日趋安定，经济也逐渐繁荣起来。戚继光在抗倭战争中建立了卓越的历史功绩，赢得了当时以至后世人民的称颂。

李自成……乱世闯王

无草泽粗犷之气，而举止羞涩，似学童初为诗者，亦举事无就之征也。

李自成（1606~1645），原名鸿基，陕西米脂人，明末著名农民起义军领袖。他起义后率领农民军转战南北15年，历经艰苦的斗争，终于打败了明军主力，推翻了朱明王朝。胜利后，由于政策和策略上的失误，起义终归失败。

开门迎闯王

崇祯皇帝初年，已是政治腐败，社会危机四伏，人民处于水深火热之中。饥民们纷纷揭竿而起，李自成起义就是在这种形势下发生的。

李自成出生于一个贫苦农民家庭，6岁时曾入私塾读书，后因生活所迫，逃为边兵，升至把总。当时，明政府财力不济，西北边境的延绥、甘肃、宁夏等军镇已欠饷3年，军心不稳。

1629年，李自成所在的甘肃镇兵东调。大家推李自成为首，举行武装起义，投奔王左挂领导的农民军。

明朝廷调动延绥巡抚、甘肃巡抚所部围攻农民军。王左挂迫于明军的强大攻势，投降于延绥巡抚洪承畴。李自成率部分义军东渡黄河进入山西，成为王自用指挥的36营农民军的一部，称八队闯将，有步马700。

1633年初，明朝派重兵进入山西围剿农民军。王自用为避敌锐气，转移入河南，李自成同张献忠则经汉中转入四川。1634年7月，李、张二部由川东越大巴山回陕南，路经兴安（今安康）时，误入绝谷车厢峡。他们向明总督陈奇瑜送重金财宝，声言愿受抚。陈奇瑜批准在官员监督下出峡。农民军出峡后，立即反戈相击。这一举影响颇大，全陕震动。

1635年初，中原农民军由高迎祥率领，召集13家农民军首领在荥阳开会，共商对敌大计，李自成在会上提出“分兵定所向”的作战策略，得到众人赞同。会后，农民军分为5路反击明军。高迎祥、李自成和张献忠率主力东向，以迅猛的攻击，歼敌4000多人，攻占了明中都凤阳，焚毁了明太祖朱元璋的皇陵，给崇祯朝廷以沉重的打击。

凤阳之战后，李自成回师河南，与留在荥阳、汜水间的罗汝才军会师。明军迅速集结于河南，准备围歼农民军。李自成等迅速驰入陕境，与明军周旋于陕甘沿边地区。1637年夏，李自成部受到明军东西两路夹攻，从天水退却南下，转入四川。在四川连克数县，直逼成都。同年10

▲位于陕西省米脂县城北盘龙山上的李自成行宫

月，李自成率部东入陕西，准备东进河南与“革左五营”会合。途经潼关南原，陷入明军重围，经几昼夜激战，李自成部损失惨重，他本人仅率十几骑突围，潜伏于商洛山中。

在商洛山中，李自成刻苦读书，重新组建部队，操练兵马，积蓄力量，待机再起。崇祯十二年（1639）5月，张献忠在谷城二次起义，李自成立即率部出武关，进入湖北郧阳地区。1640年，东进入河南西部。广大饥民纷纷参军，李自成部扩大到几十万人。李自成重用一些失意的封建知识分子，采纳他们的建议，提出“均田免粮”、“平买平卖”、“劫富济贫”的口号，得到中原农民的拥护。在政治、军事上取得了主动，打开了一个新局面。

▲明末起义军李自成颁发的官印

1640年底，李自成攻克洛阳，杀宗室福王朱常洵，用福王积存的粮食钱财救济贫穷。随后，他三次围攻开封，与明军决战。明朝廷调集主力20多万集中到朱仙镇，李自成采取“围城打援”的战术，以主力抢先占领朱仙镇南高阜，在东西两面筑炮台，挖壕沟，布下大战阵势。会战开始后，他运用避敌之锐、懈敌之志的策略，集中精锐部队先打垮了明军主力左良玉部。其他路敌军望风而逃，农民军乘胜追击，俘敌数万。

驻守开封的明军等不到援军，竟挖开黄河大堤，以洪水冲击农民军阵地，万名战士，近十万人民被淹死在开封城下。李自成放弃开封，挥兵南下，攻占了襄阳。次年改襄阳为襄京，李自成称奉天倡义大元帅。他整编了军队，严明军纪，分析了敌我力量形势，制定了进军计划，做好了与明军进行决战的准备。

这年初夏，李自成率百万大军北上河南，在郏县、汝州（今临汝县）一带与明军相遇。农民军断其粮道，逼明军以大部兵力去运粮草，乘机击垮了汝州4万守敌，缴获军资无数，使明军首尾不能相顾，陷于被动。李自成攻破潼关，打败了兵部尚书、总督孙传庭的部队，在渭南战斗中击毙了孙传庭。李自成进入西安后，马不停蹄，派大将分头往汉中、延安、固原追歼孙传庭的余部，他本人率军北上攻克榆林。尔后占据宁夏和甘肃大部，于年底返回西安。

崇祯十七年（1644）正月，李自成改西安为“西京”，建立大顺国号，称“大顺王”，建立起中央政权。崇祯皇帝朱由检恐慌万状，自杀于煤山。统治了276年的朱明王朝中央政权，在农民武装斗争的冲击下崩溃了。

遇难九宫山

1645年，李自成领导的大顺军在湖北阳新、江西九江连遭重大挫折，东下的去路均被清军切断，清朝亲王多铎的部队亦从河南归德（商丘）、安徽泗州直趋南京。李自成沿江东下，向安徽一带发展的意图已无法实现，不得已只好向西南方向突围，企图穿过江西西北部转入湖南。

1645年7月26日（清顺治二年六月初四），李自成行至湖北通山县境内的九宫山下，突然遭到当地地主武装的袭击。随行的28名战士先后被杀，李自成在搏斗中壮烈牺牲，时年39岁。

左宗棠……
心忧天下

身无半亩，心忧天下；读破万卷，神交古人。

左宗棠（1812~1885），字秀高，湖南湘阴人，举人出身。清大臣，洋务派首领，早年就读于岳麓书院。相继任浙江巡抚、闽浙总督、陕甘总督、两江总督等职。先后开办福州船政局、兰州制造局。屡立战功，1875年（光绪元年）收复新疆，1884年（光绪十年）督办福建军务，抗击法国侵略者。

拜师记

左宗棠自幼聪明过人，生性高傲，习文练武，不仅有满腹文韬武略，还是下棋高手。1875年4月，左宗棠被朝廷任命为钦差大臣，督办新疆军务。此时，左宗棠虽已年过花甲，但仍精神抖擞。从河北出发西行，一路长途跋涉，风尘仆仆。一天，刚翻过一道山梁，红日便已西沉，往前便是云缠雾绕的莽莽大山，眼下有一古镇，经打听名叫峪门隘，左宗棠下令在此地安营。当大本营安定之后，他避开卫兵，打扮成江湖艺人模样，漫步小镇街头。

刚行几步，一块写有“天下第一棋”的木牌映入眼帘，他不由暗自好笑：“这山野之人真是井底之蛙，只看见簸箕那么大的天。”他驻足药店前，正要发问时，一位白须飘胸、仙风道骨的老者边包药边向他打招呼：“客官若不嫌敝店矮小，进来喝口清茶吧！”左宗棠说：“茶就不必喝了，请问这天下第一棋手是何人?”

老者似乎不屑一顾地回答道：“鄙人就是，不知客官有何指教?”左宗棠也是一副傲态：“你既是天下第一棋手，我们对弈几局，你看怎样?”老者连连摆手说：“我看还是算了吧！此刻无暇，改日可否?”左宗棠以为看出了对方的破绽，哈哈大笑道：“我看你是怕我砸你的牌子吧！”老者见对方已摆出非对弈不可的架势，略加思索，说道：“既然客官有此雅兴，老夫就来个舍命陪君子吧！”左宗棠趁机说：“若是你输了，这牌子……”老者马上答话：“我若输了，牌子自砸。”“一言为定?”“决不食言。”二人摆开阵势，一场激战，互不相让。连下三局，左以二比一获胜。老者二话未说，将木牌取下来，双手捏成碎片。

▲江阴学政园左宗棠、黄体芳对弈图铜像

左宗棠一惊，同时又发现墙上挂有一把宝刀，心中猜定此人非同一般，于是挑衅地说：“依我看来，老先生还有超人的武功，能与我比试一下吗?”老者说：“比试谈不上，玩玩可以。”二人又在月光下，摆开了战场，一个舞剑，一个挥刀。果然不出左宗棠所料，老者出手敏捷，左宗棠直逼不舍，二人杀得天昏地暗。约30个回合后，老者渐渐体力不支，败下阵来。左宗棠取胜，自命不凡地对老者打拱告辞：“多有得罪，在下告辞了。”

老者说：“祝君一路顺风。”左宗棠一路所向披靡，过关夺隘，一举收复失地，凯旋而归。

事情偏偏凑巧，当左宗棠返京途中接近峪门隘镇时，再次登门拜访老者，老远只见又是“天下第一棋手”的木牌高高挂在店前。左宗棠轻声骂道：“好一个不知羞耻的山野狂徒，今天看我怎么教训你。”话音刚落，只见老者出门打拱道：“不知将军驾到，有失远迎，望乞恕罪。”左宗棠责问道：“我且问你，为何又复挂木牌？”老者笑道：“我这牌子挂定了。”“此话怎讲？”“听说将军在京城是高手，但还不是我的对手。”“你上次不是输了吗？”“那是我让着你的，不信再较量一番！”

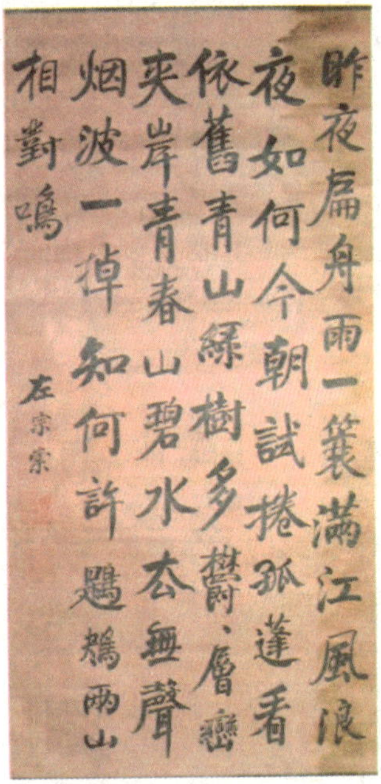
▲左宗棠所书行楷

左宗棠岂肯示弱，当即在月下摆开棋局。没想到老者杀招与上次迥然，布局新异，棋术高深，左宗棠大为震惊，连下三盘，盘盘皆输。

老者问他：“我这牌子挂得不？”左宗棠只好点头称可。然而平叛得胜的左宗棠口服心非，想从武功中捡回面子，又提出比武。老者欣然应允。二人借着月光，交手开战。左宗棠挥刀，老者使剑，由慢到快，你来我往，刀光剑影，寒气逼人。左宗棠感到对方今非昔比，年老似壮，剑法奇特，卓尔不凡，不到20个回合已感力不从心，浑身大汗如注，只好主动认输，就此作罢。

左宗棠一时百思不解：上次老者的棋术剑法都远不如我，今日却如此之精，难道他在短短时间内就突飞猛进？其中必有蹊跷。左宗棠强抑傲劲，低下架子上前打一拱手道：“本官有一事不明，请先生赐教。”老者笑道：“将军，请讲吧！”左宗棠说：“上次我胜你败，今晚你的棋、剑之术为何如此之高，这段时间你是向哪位高手学得？”

老者为他沏了一杯清茶说：“既然将军硬要问个明白，那我就直言相告了。早闻左宗棠大名，听说将要收复祖国失地，正合心意。第一次下棋时，就已认出眼前对阵之人是镇疆大将军左宗棠，为让将军具有西镇必胜的良好心情，故意假败将军。”左宗棠听到这里，“扑通”一声，跪在老者面前道：“师父在上，请受徒儿一拜。”老人将他扶起，并令内人备起薄酒，为将军接风洗尘。二人谈至深夜，才依依不舍地告别。

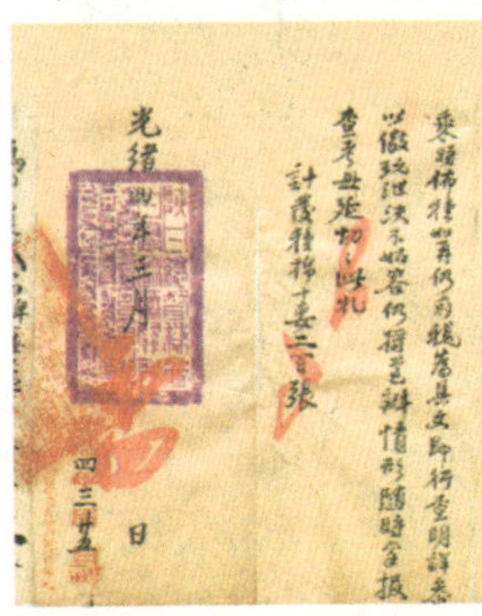
◀钦差左宗棠行文手迹

洪秀全……
天国之王

鸟向飞兮必如我，我今为王事事可；身照金乌灾消尽，龙虎将军都辅佐。

洪秀全（1814-1864），广东花县（今花都）官禄村人，出身于农民家庭，是杰出的农民领袖。太平天国的创始人，领导的金田起义是中国农民战争史上的一大奇迹，震撼了全世界。

▲洪秀全纪念馆

金田起义

1844年的一天，六鸟神庙里聚满了乡民，听洪秀全宣传“拜上帝会”的教义：“我们都是天父的子女，人人平等。可当今满世妖魔横行，大家才过不上好日子。今后我们除了天父，谁也不能信!”

一位老人战战兢兢地说：“这话可不能在庙里说呀，六鸟神爷最是灵验，触犯神爷，马上要大祸临头的。”

“乡亲们，别害怕！我就是天父派来除邪灭妖的。你们看！”

说着，洪秀全操起手中的笔杆，朝神像使劲一戳。

只听“轰”的一响，神像应声坍塌，一大蓬白蚁从朽烂的泥胎里飞了出来。

“哇!”乡民们张大了嘴，敬仰地望着这位30岁的教主。他们当然不知道，洪秀全事先已对这座年久失修的神庙仔细察看过了。

洪秀全同表弟冯云山、族弟洪仁玕一起，砸毁了村里的孔子牌位，自行受洗，组织了“拜上帝会”。

他们离开家乡，来到广西山区，运用一切方式宣传革命。山区的农民、矿工，早就听说了这位洪先生的神奇，又为教义中平等自由、共享太平的奋斗目标所吸引，纷纷入会。

不到几年的工夫，已在广西各地团结了上万人的革命力量，烧炭工杨秀清、矿工萧朝贵、破落地主韦昌辉、石达开等，都成为“拜上帝会”的重要骨干。

鸦片战争失败后，清政府更加重了对人民的压榨。这时，广西又遭到了空前的灾荒，大街上公然出售人肉。洪秀全知道起义的时机已经成熟了。

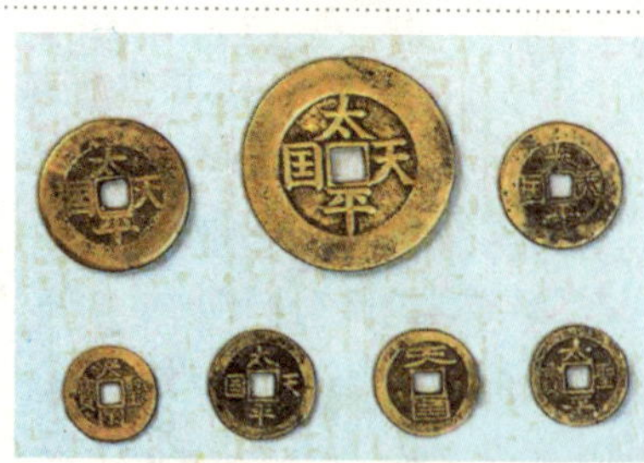

▲太平天国时期发行的铜质钱币

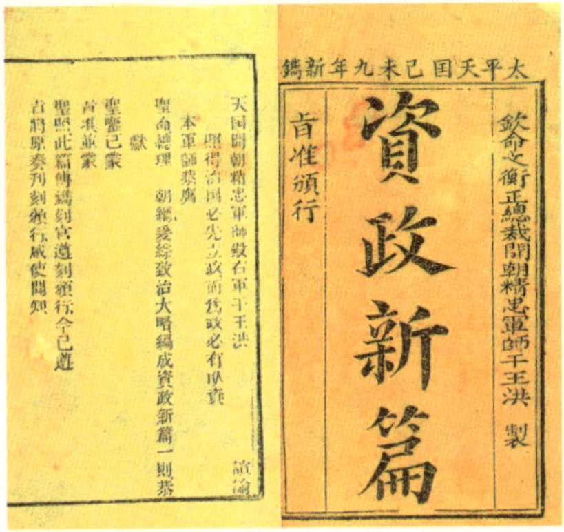
太平天国己未九年新鐫
欽命文衡正總裁開朝精忠軍師干王洪 製
資政新篇
旨准頒行
天國開朝精忠軍師頂天扶朝綱干王洪 謹諭
照得治國必先立政，而為政必有取資
本軍師恭奉
聖命總理 朝綱，爰綜致治大略，編成資政新篇一則，恭
獻
聖鑒，已蒙
旨准並蒙
聖照此篇傳鐫刻官遵刻頒行，今已遵
旨將原奏刊刻頒行，咸使聞知

▶太平天国施政纲领

1851年1月11日，各地拜上帝教信徒约20000人携带着各种武器齐集桂平县金田村，在洪秀全的领导下宣布起义，建号“太平天国”，起义军称太平军。从此，太平天国运动开始。

咸丰帝得到报告，急忙派出钦差大臣，命令广西提督向荣率部10000余人围剿堵截。

但是，起义军得到各地百姓的支持响应，如鱼得水，半年下来，不仅没有被镇压下去，反而更加壮大，攻下了重镇永安州（今广西蒙山）。向荣不得不在给京城的奏章中，哀叹“臣屡战屡败”。幸得他的幕僚帮他改成“臣屡败屡战”，才避免了朝廷的严厉处分。

在永安州，洪秀全自立为天王，封杨秀清、萧朝贵、冯云山、韦昌辉、石达开为东、西、南、北、翼五王，形成了太平天国农民政权的领导核心。

休整了几个月后，太平军挥师北上，挺进湖南、湖北，然后沿着长江东下。这一期间，每天都有上千名的百姓加入起义队伍，一路势如破竹，锐不可当。

1853年3月，在洪秀全、杨秀清率领下，50万太平军分水陆二路，直抵南京城下。

▲太平天国忠王龙袍和朝帽。太平天国是中国唯一具备服饰制度的农民政权。在服饰上，既继承了传统遗制，又有所创新

起义军攻占南京，这座六朝古都被改名为“天京”，成为太平天国的都城。

定都天京后，诸王大兴土木，建筑王宫，洪秀全深居宫中，从不出门。

▶太平天国洪秀全印玺

1856年，洪秀全被逼封杨秀清为“万岁”，太平天国领导集团内部发生斗争。他开始重用亲信，封长兄和二兄为王。后来，形势日趋恶化，洪秀全仍沉溺于宗教迷信，无法挽救革命。

1864年6月3日，洪秀全病逝于天京。

科技之星

Part3

在中国的科技史上，一批批科技精英大量涌现，一批批科技人才层出不穷，他们为人类的文明进步做出了卓越贡献，在历史的星空上留下了耀眼的名字：有建筑鼻祖、有天文巨子、有历代名医、有“铁路之父”、有“克隆技术先驱”、有环游太空第一人……他们广博而精深的造诣在中国的历史上留下了光辉的一页。

鲁班……
能工巧匠

公输子削竹木以为鹊，成而飞之，三日不下。

鲁班（公元前507~公元前444），姓公输，名般，故也被尊称为“公输子”。因是鲁国人，“般”和“班”同音，古时通用，故人们常称他为鲁班。他发明了多种工具器械，使人们从原始、繁重的劳动中解放出来，劳动效率成倍提高，土木工艺出现了崭新的面貌，人们因此而尊他为我国土木工匠的始祖。

鲁班学艺

鲁班年轻的时候，决心上终南山拜师学艺。他拜别父母，骑马直奔西方，弯弯曲曲的小道有千把条，但并没有吓倒鲁班，他凭着毅力走出了山道。

他到了一个破屋前，断定了这就是老师傅的房间。坐下来耐心的等。直到太阳下山，老先生才醒来，问了他几个做木匠的基本问题，鲁班都一一答对。老师傅就收了他做徒弟。

可鲁班的艰辛才刚刚开始，师傅交给他的第一件任务就是把门后已经长满锈的斧子、刨子、凿子打磨如新。鲁班磨了七天七夜，把斧子、刨子、凿子都磨得闪闪发亮。

师傅给鲁班的第二个任务是，要求鲁班用自己磨的斧子去伐一棵参天大树，然后砍成一个光滑大柁，用凿子在大柁上凿了2000多个眼。鲁班足足干了12个白天、12个黑夜，终于完成了。

师傅看鲁班这样的好学、诚恳，就带领鲁班来到西屋。原来西屋满是精致的模型，鲁班下定决心一定要把手艺学好，于是认真地研究起模型来。往后，鲁班茶不思、饭不想，时时刻刻不放下手中的模型。3年后，鲁班把所有的手艺都学会了。

▲后世仿制的充满玄机的鲁班锁，完全凭借木条上的卡榫彼此相连接，能完美地密和在一起

他拿起了自己磨的刨子、凿子和斧子，告别了师傅，含泪下了山，牢记师傅的教诲，永向人们奉献出精致的木材，给人们造了许多桥梁、机械、房屋、家具，还教了不少土地，留下许多动人的故事，所以后世的人尊他为木工的祖师。

张衡……通天知地

人生在勤，不索何获？

张衡（78~139），字平子，南阳西鄂人，中国东汉时期著名的天文学家。张衡的成就极为广泛，涉及天文、历法、文学、地理等诸多方面，而且都有广博而精深的造诣。他的文学创作涉猎了赋、诗、说、疏、策、谏、赞等许多领域，尤其是他的赋和诗在我国文学史上留下了光辉灿烂的一页。

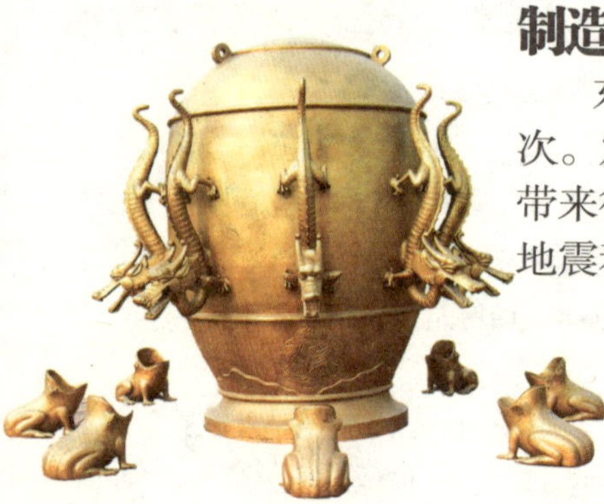

▶张衡发明的地动仪（复制品）

制造地动仪

东汉时，经常发生地震。有时候一年好几次。发生一次大地震，就会给老百姓和国家带来很多的伤害。当时的皇上和老百姓都把地震看做是不吉利的征兆，认为是鬼神造成的。张衡却不信神邪，他对记录下来的地震现象经过细心的考察和试验，发明了一个能测出地震的仪器，叫做“地动仪”。地动仪是用青铜制造的，形状像一个酒坛，周围铸着八条龙，龙头伸向八个方向。每条龙的嘴里含着一颗小铜球，龙头下面，蹲了一只张着大嘴的蛤蟆。哪个方向发生了地震，朝着那个方向的龙嘴就会自动张开来，把铜球吐出。铜球掉在蛤蟆的嘴里，发出响亮的声音，就告诉人们那里发生了地震。

▼南京紫金山天文台内500多年前的浑天仪仿制品，但其铸造工艺已是相当精湛

公元138年2月的一天，地动仪正对着西方的龙嘴突然张开来，吐出了铜球，这是报告西部发生了地震。可是，那天洛阳一点地震的迹象也没有，更没有听说附近有什么地方发生了地震。于是，朝廷上下都议论纷纷，说张衡的地动仪是骗人的玩意儿。可是没过几天，就有人骑着快马来向朝廷报告，离洛阳1000多里的金城、陇西一带发生了大地震，连山都有崩塌下来的，大伙儿这才真正地信

◀张衡制造地动仪

服了。虽然张衡后来在政治上并不顺利，但是他的这些科学发明和实验在我国科学史上留下了光辉的业绩。

◀张衡铜像

勤奋刻苦 访师求学

张衡的父亲早逝，家里生活非常清苦，贫困的生活并没有影响张衡的求知欲望。

张衡对于研究学问非常刻苦，他读书一丝不苟，而且思想开阔，不受传统观念的束缚。当时一般士大夫人家子弟，都必须读《诗经》、《书经》、《易经》、《礼记》、《春秋》等儒家经典，张衡少年时代也熟读过这些书。虽然如此，他却不喜爱这些经书，认为经书太束缚人们的思想。张衡少年时代最喜爱的是文学，他对当时著名文学家，像司马相如、扬雄等人的作品，都曾经下过一番功夫，不但能深刻地理解，而且能够背诵。因此他很早就能作一手好辞赋，人们对他的文学才能极为赞羡。

青年时代的张衡就懂得：读书固然是获得知识的一个方法，但是一个人要在学问上有成就，除了书本以外，还必须有实际生活的经验，从实践中求知识。这样，张衡自然不会满足于“闭门坐家中，苦读圣贤书”的生活了。他渴望出外游学，多多接触实际，以充实生活和开阔自己的眼界，寻求书本以外的实际知识。

▲博物馆内的张衡蜡像和地动仪仿制品

汉和帝永元六年（公元94年），张衡才17岁，他就离开家乡，出外游历，访师求学。

离开家乡以后，张衡来到京师洛阳，因为那里是当时最富庶繁华的地区，也是学术文化的中心。在洛阳住了五六年，他到处求师访友，虚心向他们讨教，因而获得了不少知识。

张衡在洛阳结识了很多有学问的朋友，其中像马融，是当时著名的辞赋作家，又擅长于音乐，后来成为东汉的儒学大师。像窦章，也是一个很有学问的人，谦虚俭朴，很受当时人们的尊重。像王符，是当时有名的政论家，他的著作《潜夫论》一直流传至今，成为研究东汉时代社会情况的宝贵历史资料。像崔瑗，对于天文、数学、历法有精深的研究。在这些朋友中间，崔瑗对张衡的影响最大，他们常在一起谈论学问，这与张衡日后研究天文、数学等科学并获得巨大的成就是有一定关系的。

华佗……救世济民

魏有华佗，设立疮科，剔骨疗疾，神效良多。

——陈嘉谟

华佗（？—208），字元化，豫州沛国谯县（今安徽亳州）人。东汉时杰出的医学家。他曾到过很多地方为人治病，方法简单有效，创造了许多医学奇迹，受到了百姓的爱戴。

刮骨疗毒

三国初期，有一次，关羽到樊城去攻打曹操，右臂被毒箭射中。后来，伤口渐渐肿大，不能动弹。经名医多方诊治，始终无效。

一天，关羽和他的部将正在发愁。忽然，部下前来报告，说医生华佗要进见。关羽说："请进帐来！"

华佗进来后，关羽说："您如果能把我的右臂治好，我一定会感谢您的。"

华佗说："我正是为治您的病而来的。办法倒是有，只是怕您忍受不了疼痛。"

关羽听后笑了笑，说："我是一个久经沙场、出生入死的军人，千军万马尚且不怕，疼痛有什么了不起！"

▲华佗为关羽刮骨疗毒壁画

▼颐和园长廊彩绘之"刮骨疗毒"

华佗说："您中的箭是乌头毒箭，现在毒已入骨。我准备在房梁上钉上一个铁环，把您的右臂伸进铁环中去，再把您的眼睛蒙上，然后给您动手术。"

关羽说："不用什么铁环，您就给我治吧！"

翌日，关羽设宴犒劳华佗。饮宴完毕，关羽一边和谋士对弈，一边袒胸伸出右臂。

华佗抽出消过毒的尖刀，割开关羽胳膊上的皮肉，见骨头已变成青色，便用刀"咔嚓咔嚓"地将骨头上的箭毒刮除，帐中的人都惊呆了，关羽却依旧谈笑下棋，毫无痛苦之色。刮毒完毕，华佗复又将伤口缝合，敷上药，包扎好。

手术后，关羽站起来伸展手臂，对华佗说："现在我的右臂不疼了，先生您真是妙手回春啊！"

五禽戏

华佗非常重视体育锻炼对人体健康的作用。华佗说："人体必须经常劳动，但不能过度。经常活动能使消化能力增强，血脉通畅，不易发生疾病。正如门轴一样，天天转动，就不会长蛀虫。"华佗这个看法是合乎科学道理的。

华佗是古代医疗体育的创始人之一。他根据"流水不腐，户枢不蠹"的原理，创造了一种叫做"五禽戏"的体育运动。这种体育运动就是摹仿虎、鹿、熊、猿、鸟五种禽兽运动姿态的体操。

第一种动作是摹仿虎的前肢扑捉的姿态；

第二种动作是摹仿鹿伸扬头颈的姿态；

第三种动作是摹仿熊侧卧的姿态；

第四种动作是摹仿猿的脚尖纵跳的姿态；

第五种动作是摹仿鸟的双翅飞翔的姿态。

▶五禽戏图

摹仿这五种动物姿态，可以使周身关节、脊背、腰部、四肢都得到舒展。

体质衰弱的人，练"五禽戏"，可以使体魄健壮起来；患病的人，练了"五禽戏"，可以加速康复的进程；年迈的人，练了"五禽戏"，可以容颜焕发，精神旺盛。

华佗弟子吴普，由于几十年坚持做"五禽戏"，活到90多岁，仍然步履轻捷，耳目聪明，牙齿坚固。可见，"五禽戏"是行之有效的健身法。

医术精湛

华佗博览古代医案，多年的临床实践，丰富了他的医疗经验。他断病准确，创造了许多奇迹。

一次，华佗走进盐渎（今盐城）的一家酒店，看见严昕正和朋友饮酒。

华佗仔细观察了严昕的脸色，问他说："你身体不舒服吧？"

严昕听了，很惊讶，说："我身体很好呀！"

华佗说："你脸上已显示出严重的病状，恐怕要患中风病吧。你可千万别喝酒了！"

严昕听后置若罔闻，继续饮酒。回家途中，严昕乘车走了几里路，就从车上晕倒在地。第二天，他就死了。

▲采药中的华佗

华佗一生行医各地，声誉颇著，在医学上有多方面的成就。他精通内、外、妇、儿、针灸各科，对外科尤为擅长，他是中国历史上第一位创造外科手术的专家，也是世界上第一位发明麻醉剂——麻沸散及发明针灸医病的医生。

祖冲之……

数学泰斗

浮词虚贬，窃非所惧。

祖冲之（429~500），中国南北朝时伟大的数学家。祖冲之得出了圆周率在3.1415926~3.1415927之间的结论，比欧洲科学家早了1000多年，这一贡献为后人称道不已。祖冲之也享有很高的国际声誉，月球上有一座山还用他的名字命名。

圆周率的始祖

祖冲之的祖父名叫祖昌，在南朝宋做了一个管理朝廷建筑的长官。祖冲之长在这样的家庭里，从小就读了不少书，人们都称赞他是个博学的青年。他特别爱好研究数学，也喜欢研究天文历法，经常观测太阳和星球运行的情况，并且作了详细记录。

我国历代都有研究天文的官员，并且根据研究天文的结果来制定历法。

到了南北朝的时候，历法已经有很大进步，但是祖冲之认为还不够精确。他根据长期观察的结果，创制出一部新的历法——《大明历》。这部历法测定的每一回归年的天数，跟现代科学测定的相差只有50秒；测定月亮环行一周的天数，跟现代科学测定的相差不到1秒，可见它的精确程度了。

▲祖冲之是一位博学多才的学者，发明了用圭表测量冬至前后若干天的正午太阳影以定冬至时刻的方法，该方法为后世长期使用。图中即为1439年制造的、现存于南京紫金山天文台的圭表

公元462年，祖冲之请求宋孝武帝颁布新历，孝武帝召集大臣商议。

那时候，有一个皇帝宠幸的大臣戴法兴出来反对，认为祖冲之擅自改变古历，是离经叛道的行为。祖冲之当场用他研究的数据回驳了戴法兴。

◀祖冲之运算图

宋孝武帝想帮助戴法兴，就找了一些懂得历法的人跟祖冲之辩论，结果都被祖冲之驳倒了。但是宋孝武帝还是不肯颁布新历。直到祖冲之死后10年，他创制的《大明历》才得到推行。

尽管当时社会动荡不安，但是祖冲之还是孜孜不倦地研究科学。他更大的成就是在数学方面。他曾经对古代数学著作《九章算术》作了注释，又编写了一本《缀术》。

▶中国人民邮政为纪念祖冲之而发行的邮票

祖冲之最杰出的贡献是求得相当精确的圆周率。经过长期的艰苦研究，他计算出圆周率在3.1415926~3.1415927之间，成为世界上最早把圆周率数值推算到七位数字以上的科学家。

机械巧手

祖冲之制造了很有用的劳动工具。他看到劳动人民舂米、磨粉很费力，就创造了一种粮食加工工具，叫做水碓磨。

古代劳动人民很早就发明了利用水力舂米的水碓和磨粉的水磨。西晋初年，杜预曾经加以改进，发明了“连机碓”和“水转连磨”。一个连机碓能带动好几个石杵一起一落地舂米，一个水转连磨能带动8个磨同时磨粉。祖冲之又在这个基础上进一步加以改进，把水碓和水磨结合起来，生产效率就更加提高了。这种加工工具，现在我国南方有些农村还在使用。

祖冲之还设计制造过一种千里船，它可能是利用轮子激水前进的原理造成的，一天能行100多里。

▶据考，圆周率是根据刘徽《九章算术》中的割圆术计算而来，这张割圆术的邮票是由太平洋的一个岛国密克罗尼西亚发行的

音哲旁通

祖冲之的成就不仅限于自然科学方面，他还精通乐理，对于音律很有研究。

此外，祖冲之又著有《易义》、《老子义》、《庄子义》、《释论语》等关于哲学的书籍，可惜都已经失传了。

祖冲之所以能够取得这样辉煌的成就，并不是偶然的。

首先，当时社会生产正在逐步发展，需要有一定的科学成就来配合前进，因而推动了科学的进步，祖冲之就在这时取得了天文、数学和器械制造等方面的成绩。

▼祖冲之的儿子祖暅之亦为数学家，图为其开立圆术中设计的立体模型

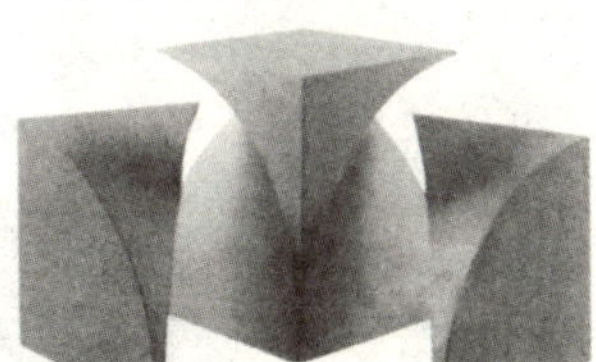

其次，从上古到南北朝，在千百年的历史长河中，已积累了不少科学成果，祖冲之就在前人创造的基础上做出了他的成绩。

至于祖冲之个人的认真学习，刻苦钻研，不迷信古人，不畏惧守旧势力，不怕斗争，不避艰难，自然也都是取得杰出成就的重要原因。

祖冲之不仅是我国历史上杰出的科学家，而且在世界科学发展史上也有崇高的地位。祖冲之创造“密率”，是世界闻名的。

毕昇……
活字印刷术的发明者

毕昇（? ~约1051），蕲州蕲水县直河乡（今湖北英山草盘地）人，北宋活字印刷术的发明者。从此，印刷技术进入了一个新时代。

活字印刷的发明

北宋时期，雕刻印刷大为盛行。相传杭州西山有位号称“神刀王”的雕刻师傅，技术出众，很负盛名，但他有个怪脾气，从来不肯收徒弟。那时毕昇还是个小孩子，听别人说后，就慕名前往拜师。

“神刀王”见他聪明灵巧，十分讨人欢喜，就破格收下了这名小徒弟。毕昇早起晚睡，勤奋学习雕刻技术，不久他的技艺就有了长足的进步。

几年后的一天，“神刀王”雕刻晋代大书法家王羲之的《兰亭序》，让毕昇在一旁观看揣摩。哪知毕昇不小心碰了师傅的胳膊，结果最后一行的一个“之”字刻坏了。这样，整块木板就要报废。

当时“神刀王”没有责备他，但毕昇为此难过了好几天。同时他也想，木板雕刻印刷这么麻烦，能不能改进一下呢？此后，毕昇一有空总是考虑这件事。

一天，师傅让他到街上买菜。他边走边想，不觉经过刻制图章的摊前，看到一个一个图章排得很整齐。他想，如果印刷也能像刻图章一样把所需要的字一个一个排起来，就不会因为一个字坏了而影响整块雕版了。

他想起了在家和小朋友一起捏泥人的游戏，我何不用泥来试试呢？他有空就用胶泥做成一个个的方块，在上面刻成反字。晒干后，涂上墨，果然印出了字。后来，他又向烧瓷的师傅请教，经过烧制后，字模变得硬了，而且非常灵便，成了活字，排版时，把活字排在铁框里固定好，就可以像雕版一样印刷了。

活字印刷不仅节省了大量的材料、时间，而且大大提高了印刷数量和质量，使书籍得到更广泛的流传。

毕昇的发明，比欧洲早400多年。他成了活字印刷的祖师爷，对人类文明的发展和文化的传播做出了不可磨灭的贡献。

▲活泥字工艺模型。这是仿毕昇制作泥活字工艺过程的模型，包括制作泥字坯、刻字、火烧及排版、印刷等工序

沈括……
科学巨星

能用度外人，后能周大事。

沈括（1031~1095），字存中，他是中国科技史上的一位巨人，精通天文、数学、物理学、化学、生物学、地理学、农学和医学；他还是卓越的工程师、出色的军事家、外交家和政治家；同时，他博学善文，对律历、音乐、医药、卜算等无所不精。他晚年所著的《梦溪笔谈》详细记载了劳动人民在科学技术方面的卓越贡献和他自己的研究成果，反映了我国古代特别是北宋时期自然科学达到的辉煌成就。《梦溪笔谈》不仅是我国古代的学术宝库，而且在世界文化史上也占有重要的地位。

杰出的天文学家

沈括还是一个杰出的天文学家。熙宁五年（公元1072年），沈括负责领导司天监。在任职期间，他先后罢免了6名不学无术的旧历官，不计出身，破格推荐精通天文历算、出身平民的淮南人卫朴进入司天监，主持修订新历的重要工作。

沈括和卫朴治学态度认真，对旧历官凭借演算凑数的修历方法非常不满，主张从观测天象入手，以实测结果作为修订历法的根据。为此，沈括首先研究并改革了浑仪、浮漏和影表等旧式的天文观测仪器。

浑仪是测量天体方位的仪器。经过历代的发展和演变，到宋朝，浑仪的结构已经变得十分复杂，三重圆环，相互交错，使用起来十分不便。为此，沈括对浑仪作了比较多的改革。他一方面取消了作用不大的白道环，把仪器简化、分工，再借用数学工具把它们之间的关系联系起来；另一方面又提出改变一些环的位置，使它们挡不住观测视线。

沈括的这些改革措施为仪器的发展开辟了新的途径。后来郭守敬创制的新式测天仪器——简仪，就是在这个基础上产生的。

漏壶是古代测定时刻的仪器，由几个盛水的容器装置成阶梯的形式，每一容器下侧都有孔，依次往下一容器滴水漏水。最下面的容器没有孔，里面装置有刻着时间标度的“箭”。随着滴漏水面升高，“箭”就慢慢浮起，从显露出来的刻度可以读出时刻。

▶漏壶复原图

沈括对漏壶也进行了改革。他把曲筒铜漏管改为直颈玉嘴，并且把它的位置移到壶体下部。这样流水更加通畅，壶嘴也坚固耐用多了。此外，沈括还制造了测日影的圭表，而且改进了测影方法。

沈括在《浑仪议》、《浮漏议》和《景表议》等三篇论文中介绍了他的研究成果，详细说明改革仪器的原理，阐发了自己的天文学见解，在我国天文学史上具有重要的作用。

郭守敬……天文巨子

历之本在于测验，而测验之器莫先仪表。

郭守敬（1231~1316），字若思，顺德邢台（今河北邢台）人，元朝天文学家、水利学家、数学家和仪表制造家。郭守敬编撰的天文历法著作有《推步》、《立成》、《历议拟稿》、《仪象法式》、《上中下三历注式》和《修历源流》等14种，共105卷。为纪念郭守敬的功绩，人们将月球背面的一座环形山命名为“郭守敬环形山”，将小行星2012命名为“郭守敬小行星”。

修订历法

郭守敬的祖父郭荣学识渊博，不但通晓经书，对数学、天文、水利等都有研究。郭守敬少年时候，在祖父的影响下，对科学产生了浓厚的兴趣。

那时候，刘秉忠和他的朋友张文谦等正在邢州西南紫金山讲学，郭荣把孙子送到刘秉忠那里学习。郭守敬在那里认识了许多爱好科学的朋友，学问长进很快。

简仪

日晷用于计算时间

忽必烈统一北方后，为了发展农业生产，决定整治水利，征求这方面的人才。

张文谦把郭守敬推荐给忽必烈，忽必烈很快就在开平召见郭守敬。郭守敬对北方水利情况十分熟悉，当时就提出6条整治水利的措施。

忽必烈听后十分满意，接见以后，就派郭守敬担任提举各路河渠的职务，经办河道水利的事。

过了两年，郭守敬又被派到西夏一带去整治水利。那里经过多年战乱，河道淤塞，土地荒芜，生产遭到严重破坏。

郭守敬到了西夏，经过详细勘察以后，发动民工疏

▲郭守敬故里的壁画

浚了一批原有的渠道、水坝，还开挖了一些新河道。

不出一年时间，这一带900多万亩农田灌溉畅达，粮食丰收，百姓的生活也都改善了。

为了加强大都到江南的交通运输，忽必烈又派郭守敬去勘测水路交通情况。经过郭守敬的勘测、设计，不但修通了原来的运河，还新开凿了一条从大都到通州的通惠河。这样，从江南到大都的水路运输，就畅通无阻了。

元世祖灭南宋以后，更加重视农业生产的恢复。农业生产要利用历法，过去，蒙古一直使用金朝颁布的历法，这种历法误差很大，连农业上常常使用的节气也算不准。

元朝征服江南以后，南方用的又是另一种历法。南北历法不一样，更容易造成紊乱。

元世祖决定制订一个新历法。他下令成立了一个编订历法的机构，名叫太史局（后来称太史院），让郭守敬的同学王恂负责。郭守敬因为精通天文、历法，也被朝廷从水利部门调到太史局，和王恂一起主办改历工作。

公元1279年，郭守敬在向元世祖提出，要在太史院里建造一座新的司天台，同时在全国范围进行大规模的天文测量。这个计划得到元世祖的批准。

经过王恂、郭守敬等一起研究，在全国各地设立了27个测点。最北的测点是铁勒，最南的测点在南海，选派了14个监候官员分别到各地进行观测。

郭守敬也亲自带人到几个重要的观测点去观测。各地的观测点把得到的数据全部汇总到太史局。

郭守敬根据大量数据，花了两年的时间，编出了一部新的历法，叫《授时历》。这种新历法，比旧历法精确得多。它算出一年有365.2425天，同地球绕太阳1周的时间，只相差26秒。这部历法同现在通行的格里历（即公历）1年的周期相同。但是郭守敬的《授时历》比欧洲人确立公历的时间还要早302年。

▲登封观星台，是我国现存最大的古天文台，具有测影、观星和记时等功能，是一座具有重要科学研究价值的古代科学遗产，1961年公布为全国重点文物保护单位。该台为郭守敬、王恂等人奉敕所建，是当时全国建的27个天文观测站之一

李时珍……
华夏神医

身如逆流船，心比铁石坚。望父全儿志，至死不怕难。

李时珍（1518~1593），明代医学家。字东璧，晚号濒湖老人。蕲州（今湖北蕲春）人，世业医。父李言闻系当地名医。幼习儒，后从医。曾精研古籍及医典，并亲自上山采药，收集民间的经验。有感于历代本草谬说多，遂参考文献800余种，结合实践，历时27年，撰成《本草纲目》52卷。在医理方面受金元四大家影响。对脉学、经络也有研究，著有《濒湖脉学》、《奇经八脉考》流传于世；而《五脏图论》、《命门考》等医著已佚。

雄心壮志

李时珍出身世医之家，童年时体弱多病，深感生病的痛苦，于是，从小就立下雄心壮志——做一名医药学家，像他的祖辈、父辈一样，当一名济世救人的医生。可是在当时，民间医生地位很低，李家常受官绅的欺侮。因此，父亲决定让李时珍读书应考，以便一朝成名，出人头地。

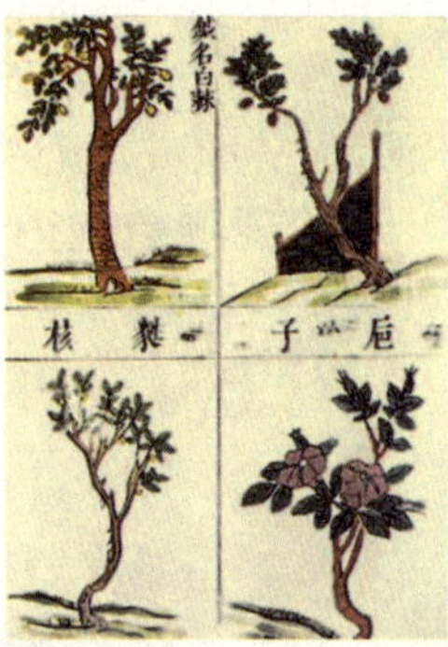
《本草纲目》书影

李时珍采药图

李时珍不敢违背父愿，14岁考取秀才，以后3次赴武昌应试举人，皆名落孙山。于是他恳求父亲，让他专心学医。父亲无奈，只好答应了他的请求。于是李时珍开始攻读《黄帝内经》、《伤寒论》、《本草经》等医书，每天天不亮就起来读书，坚持学习多年，二十几岁就能跟父亲去为人看病。

他特别重视收集药方，并整理了很多单方和验方。在治病过程中，他发现过去历朝写的《本草》书，不仅品种不全，而且错误的地方也很多，就下决心要重新修订。历经10余年的刻苦钻研，李时珍30多岁时便成为当地很有名望的医生。

他刻苦阅读了800多种医学书籍，足迹遍及了祖国名山大川，调查、采药、实验，终于修订了历代《本草》中的错误，充实了新的内容。他在年过花甲时，写成了《本草纲目》的初稿，后经3次修改，付出大半生心血，最后终于完成了这部伟大的著作，当年的壮志变成了现实。这时李时珍已61岁。

李时珍晒“书”

有一位庸医，此人不学无术，可是却假充斯文，开口《伤寒论》，闭口《药性赋》。这位庸医家

▶立志做一名济世救人的良医而终生遍访全国各地，调查、采药的李时珍

财万贯，更有藏书之癖，他平时不惜重金，购买天下医书，以此来炫耀自己。

李时珍祖上世代为医，家境仅温饱而已。再加上常常为贫穷患者义诊施舍，因之无钱买书。李时珍为了精湛医道，博览众书，多次向这位庸医借书读，可是均被他无情拒绝。

▲李时珍雕像

有一年夏季，梅雨季节刚过，庸医便命家人将书房内的藏书搬到院子里晾晒。各种古典医籍摊晒了满满一院子，他洋洋自得地在院子里踱着方步。这时正巧李时珍去一户人家治病路过这里，见满院子都是晒的书，便一时兴起，走进院子里。只见他解开衣襟，躺在晒书的架子旁，袒胸露腹，也晒起“书”来。庸医一见，莫名其妙，惊问道：“李先生，您这是做什么呀？”

李时珍笑道：“我也在晒书啊！”庸医更加不解地问道：“先生的书在哪里呀？”李时珍拍拍自己的肚皮说：“我的书装在这里面。”庸医听后，知道李时珍是在挖苦他，惭愧得满面通红，无言以对。

反对炼丹

嘉靖皇帝迷信仙道，祈求长生不老。方士看准了皇帝的心意，便大炼不死仙丹，取悦皇帝，因而在全国掀起了一股炼丹热潮，但不少人服用仙丹后中毒死亡。

李时珍知道仙丹多用水银、铅、丹砂、硫磺、锡等炼取，含有毒素，于是大声疾呼：“丹药能长寿的说法，绝不可信！”

他列举服食丹药后死亡的例子，但有方士反驳说：“古代药书上说，水银无毒，服食可以成仙，是一种长生药。”

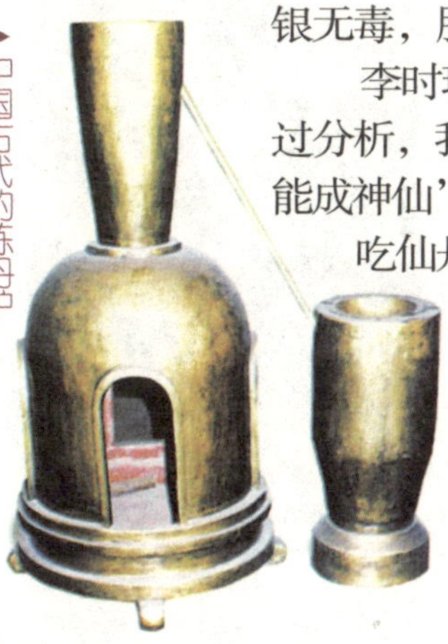

▶中国古代的炼丹炉

李时珍说：“前人遗留下来的知识可以参考，但一定要经过分析，我们不能尽信书上所说的。古书上也说过，‘食黄金能成神仙’，但有谁见过有人成了神仙呢？秦始皇、汉武帝都是吃仙丹望长生，结果还不是死了吗？所谓仙丹的成分，大多是有毒的物质，吃了不但不能长寿，反而会令人中毒死亡呢！”

李时珍虽然坚决反对服食仙丹，却以科学的态度应用炼丹的方法。他亲自研制水银来医治疮疥等病，又利用炼金术烧制外用药物，他还把研究的数据记载在《本草纲目》里，对后世影响深远。

徐光启······中西会通

唐虞之世，自羲和治历，暨司空、后稷、工虞、典乐，五官者，非度数不过去不为功。《周官》六艺，数舆居一焉。……故尝谓三代而上，为此业者，盛有元元本本。师传曹习之学，而举丧于祖龙之焰。汉以来多任意揣摩，如盲人射的，虚发无效。或依拟形似，如持萤烛象，得首失尾。

徐光启（1562~1633），字子先，号玄扈，上海人，是中国第一位引进西方科技的杰出科学家。他系统辑录了历代农书的精华，撰写了一部总结性的中国古代农业百科全书《农政全书》。他在数学、天文学等方面均有建树，为推动中国科学的发展而奋斗了一生。

▲《农政全书》书影

研究西洋科学

1597 年，35 岁的徐光启千里迢迢从广西桂林到北京赶考，这是第六次。果然，皇天不负苦心人，他终于考上并以第一名中举。

这次考试的主考官是焦竑，他对焦竑的知遇之恩，无疑是万分感激的。中了举人，在科举任用考试中，等于只是通过了地方初试，只能获得中下级的官职。要想成为可进受爵禄的“进士”，还须通过中央的考试，即“礼部会试”。徐光启抱着极大希望，先后两次参加“礼部会试”，又都落榜。

1600 年春，徐光启在南京初次见到利玛窦，二人谈得十分投机。徐光启热情称颂利玛窦：“以为此海内博物通达君子。”同时，对天主教的印象更为深刻。1603 年，在郭居静、罗如望两位教士的主持下，他加入了天主教。

▲来自意大利的汉学家利玛窦，他将西方的科学知识介绍到了中国

1604 年，在他 42 岁时，再次参加“会试”，终于中了进士。总计他在科场的经历，举人考了 6 次，进士考了 3 次才考中，一共花费了 23 年的时间，真可谓大器晚成。

徐光启在北京接受一连串考试时，常去会见业已在北京 4 年的利玛窦。到翰林院供职时，他们之间的联系更加密切。从此，徐光启正式迈入了吸收西方文化的学习里程，他对利玛窦十分推崇和赞许。

▶中国人民邮政为纪念明代伟大的科学家徐光启而发行的纪念邮票

徐光启有个良好的学习习惯，就是喜欢作笔记。凡有参考价值的东西都随手记下来。他发现利玛窦早先所著和所印的中文书籍，很受读书人重视。为了让中国的士大夫了解西方人是如何尽心研究学术，是怎样寻求确实的理由去证明一些理论，他向利玛窦提出了翻译西方科学著作的建议。对此，利玛窦十分赞同。经过商议，他们决定从《几何原本》入手，因为这本书中的理论和证明，十分明了，可以使中国读书人耳目一新。

1606 年秋天，徐光启开始和利玛窦合作译书。他每天到利玛窦的住处，都要工作三四个小时，一边学习，一边翻译，呕心沥血，日夜操劳，即使一个词的翻译，为了准确，他也要反复推敲。

《几何原本》作为徐光启潜心研究西方科学的第一个具体成果，它在中西文化交流史上写下了璀璨夺目的一页。

清官徐光启

徐光启是明代后期杰出的科学家。他是最早睁开眼睛看世界先进文化的中国人，近代科学文化的先驱。同时，他又是一位令人钦佩的清官。

徐光启诞生于上海县城内太卿坊（今老城厢乔家路）。1604 年考中进士，入翰林院为庶吉士、检讨，经历了嘉靖、万历、天启、崇祯几代皇帝。

明朝后期社会黑暗，宦官乱政，结党营私，吏治腐败，贪污受贿成风。徐光启生活在这样的环境里，却是廉洁奉公，出污泥而不染。

万历四十五年初（1617 年），他晋升为詹事府左春坊左赞善，仍兼翰林院检讨。这一年夏，他代表朝廷到宁夏册封庆王世子朱倬漄为庆王。

▲为纪念徐光启《几何原本》翻译出版 400 周年，由著名雕塑家严友人设计制作的《徐、利——谈道》雕塑

按照明朝的官场惯例，受封者都要对朝廷派来的官员馈赠礼物，庆王当然也不例外，他馈赠给徐光启 200 金和币仪等礼物。徐光启分文不收。庆王又派人追送至陕西潼关。这是送上门的礼物，谈不上受贿，而且收取也是“合理合法”的。可是，徐光启还是婉言谢绝了。

1632 年春，徐光启晋升为礼部尚书兼东阁大学士，兼纂修《熹宗实录》总裁。东阁大学士是一品官，掌管国家大事，地位相当于宰相。

同僚们看到他得到皇帝的宠幸，纷纷前来送礼祝贺，平时冷落的寓所顿时门庭若市，但是徐光启对他们的馈赠一一“婉词谢却”。这一年，徐光启 70 岁，许多大臣和亲朋好友纷纷送来礼品，一是祝贺他高升，二是为他祝寿，这本来也是在情理之中，而他却吩咐儿辈一概辞谢，不收任何人的礼物。

崇祯六年（1633 年），崇祯皇帝又晋升他为太子太保、文渊阁大学士，主持阁务。72 岁的徐光启“心思耳目，俱见衰残”，再三推辞，崇祯皇帝还要他“出山”、“佐理”。徐光启终于心力交瘁，3 个月后在寓所逝世。

詹天佑……
中国铁路之父

各出所学，各尽所知，使国家富强不受外侮，足以自立于地球之上。

詹天佑（1861~1919），字眷成，婺源庐坑人。中国最早的杰出的铁道工程专家和杰出的爱国知识分子。在他的主持下，京张铁路成功修建，大大推动了中国铁路事业的发展。

异国求学

詹天佑出生在一个普通茶商家庭。儿时的詹天佑对机器十分感兴趣，常和邻家孩子一起，用泥土仿做各种机器模型。有时，他还偷偷地把家里的自鸣钟拆开，摆弄和捉摸里面的构件，提出一些连大人也无法解答的问题。

▲中国邮政为纪念詹天佑诞辰 100 周年而发行的邮票

1872 年，年仅 12 岁的詹天佑到香港报考清政府筹办的“幼童出洋预习班”。考取后，父亲在一张写明“倘有疾病生死，各安天命”的出洋证明书上画了押。

从此，他辞别父母，怀着学习西方技艺的理想，来到美国就读。

在美国，出洋预习班的同学们目睹北美西欧科学技术的巨大成就，对机器、火车、轮船及电讯制造业的迅速发展赞叹不已。有的同学由此对中国的前途产生悲观情绪，而詹天佑却坚定地说：“今后，中国也要有火车、轮船。”

他怀着为祖国繁荣而发奋图强的信念，刻苦学习，于 1867 年，以优异的成绩毕业于纽黑文中学。同年 5 月，他考入耶鲁大学土木工程系，专攻铁路工程。

在大学的 4 年中，詹天佑刻苦学习，在毕业考试中名列第一。

1881 年，在 120 名回国的中国留学生中，获得学位的只有两人，詹天佑就是其中的一个。

▲耶鲁大学图书馆的一块浮雕上，雕刻的竟然是中国大书法家颜真卿的《颜氏家庙碑》上的内容

初战告捷

1888 年，詹天佑几经周折，转入中国铁路公司，担任工程师，这是他献身中国铁路事业的开始。

刚上任不久，詹天佑就遇到了一次考验。当时从天津到山海关的津榆铁路修到滦河，要造一座横跨滦河的铁路桥。滦河河床泥沙很深，又遇到水涨流急。铁路桥开始由号称世界第一流的英国工程师担任设计，但失败了；后来请日本工程师实行包工，也没成功；最后让德国工程师出马，不久也败下阵来。詹天佑要求由中国人自己来做，负责工程的英国人在走投无路的情况下，只得同意詹天佑来试试。

◀负责修建京张铁路时的詹天佑，时任邮传部二等顾问官、京张铁路总办、总工程师

▲在詹天佑故居纪念馆内铺设了一段“人”字形的铁路

詹天佑是一个认真踏实的人，他分析总结了3个外国工程师失败的原因后，便身着工作衣与工人一起实地调查，严密测量。夜晚，借着幽暗的油灯，又仔细研究滦河河床的地质构造，反复分析比较，最后才确定桥墩的位置，并且大胆决定采用新方法——“压气沉箱法”来进行桥墩的施工。

詹天佑果然成功了，滦河大桥建成了。这件事震惊了世界：一个中国工程师居然解决了3个外国工程师无法完成的大难题。

修筑京张铁路

1905年，京张铁路由于英、俄争夺筑路权相持不下，清政府决定由中国自建，任命詹天佑为总工程师。外国人讥笑中国“自不量力”、“胆大妄为”。

詹天佑决心为国争光。在修建京张铁路的过程中，面对艰巨的工程，詹天佑充分展示了他的才华和科学创新精神。细致测量，精心设计施工。

开凿居庸关和八达岭两个隧道时，在没有新式开山机、抽水机和通风机设备的困难情况下，詹天佑创造性地采用两端开凿，中开竖井的施工方法，顺利解决了面临的道道难题。并对地势陡险、坡度大的八达岭，设计成“人”字路线，使列车顺利行驶。行车时遇到车厢脱节，还仿造了自动挂钩，人称“天佑钩”。此条铁路6年计划，4年竣工，节约投资28万两白银。当时被外国工程师视为奇迹。

◀詹天佑

李四光……

“光被四表”的一面帅旗

我们要有雄心壮志，但必须避免好高鹜远。古语说得好：“行远自迩，登高自卑。”

李四光（1889—1971），我国杰出的地质学家，地质力学的创造者和新中国地质事业的开拓者与奠基人。他以独到的学术见解创立的地质力学，不仅圆满地解决了各种地质构造形式的形成机制，而且成功地指导了找矿工作。根据他的理论，我国相继发现了大庆油田、胜利油田、大港油田等重要油田，为祖国的社会主义建设做出了卓越贡献。在国际上，李四光也享有很高的声誉。

童年生活

李四光出生在黄冈县城北大约25公里的一个小村庄。李四光本名李仲揆，李四光这个名字，是他后来去上学的时候，需要填写报名单，误将姓名栏当成年龄栏，随手就写了个“十四”，这是他当时的真实年龄。可是，他马上发觉填错了栏目，这下可怎么办呢？聪明的李四光就在“十”字上加了几笔改了“李”字，可“李四”这个名字实在不好听。正在为难的时候，李四光抬头看见堂中上方挂着一块大匾，上写“光被四表”。他灵机一动，在“李四”后面又加上了一个“光”字。从此，李仲揆又有了一个响亮的名字，就叫“李四光”。

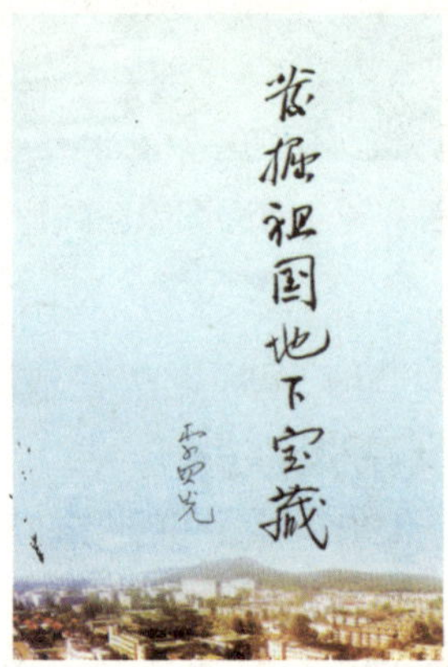

◀李四光先生的珍贵题词

李四光童年的时候，家庭生活非常艰辛。一家数口仅靠父亲办私塾收缴的一点学费来勉强维持。所以，李四光的母亲也经常纺线织布，换些零用钱。特别是李四光的父亲为人耿直，爱打抱不平，曾经因与黄冈的革命党人有来往被迫逃离家乡，去南京躲了一年多，家庭生活就更加艰难。正是在这样的家庭环境影响下，李四光从小就养成了勤劳的习惯。他常常帮着妈妈打柴、舂米、推磨、扫地、提水、放羊、割草等，几乎样样事情都能干。

◀中国名人蜡像馆中认真严谨的李四光

5岁的时候，李四光跟一位姓陈的老先生启蒙，6岁转到父亲的私塾里，随父亲念书。

李四光学习的时候，刻苦认真，勤奋用功。每天从早到晚，朗读、背诵、练字、作文忙个不停。他不贪玩，老师不在的时候，依然能独自学习，而不像别的孩子那样，爬桌子、踩凳子，闹翻了天。

李四光从小就喜欢动脑筋，问问题。有一次，他和小朋友一起捉迷藏的时候，看到村头一块特别大的石头，他就曾产生过这样的疑问：这石头是怎么来的呢？为什么周围没有这种石头呢？也许是个偶然的巧合，他后来果真成为著名的地质学家，还曾科学地回答过他孩童时的疑问呢。

◀大庆油田

爱国情结

在长期的国外留学生活中，他亲身感受到中国人受尽歧视和侮辱，从而产生了强烈的民族自尊心。他曾说：“我们不能不承认人家的文化水平比我们高，艺术比我们精。人家的地方已经开辟到十分田地，我们的一块沃土还在那里荒着。请他们来做好了，再拱手奉还给我们，世界上恐怕没有那么一回事。所以，我们一线的生机，还是在我们的民族，大家打起精神，举起锄头向前挖去。”

所以，李四光上课的时候，除了科学上的一些专有名词以外，他始终坚持用中文讲解。有一次，上课的时候，一个学生叫他“Mr.李”，叫了几声，他就问那个学生叫谁？那个学生说：“叫你。”李四光说：“你可以称我老李、小李或阿猫、阿狗什么的，但是我不准你叫我‘Mr.李’。”

推翻洋人的断言

冰川的分布是研究地质构造的重要依据，李四光对冰川的研究投入了极大的精力。有些外国人对中国的冰川进行过考察，断言“中国没有第四纪冰川”。李四光却提出“让事实说话”。

1921 年，他回国后在太行山的沙河县、山西大同盆地口泉附近发现了第四纪冰川遗迹，虽遭一些外国专家否定，他却没有丧失勇气和信心，继续带领学生在太行山、九华山、天目山、庐山等地考察，又发现了许多有力的证据。

▼为纪念这位伟大的地质学家而发行的邮票

1933 年，李四光以《扬子江流域之第四纪冰期》为题，在中国地质学会第十次年会上作了学术演讲，会后专门请中外学者到庐山实地考察。有的外国专家私下对李四光说，如果这些遗迹在国外被发现，早就被公认是冰川遗迹了。

此后，李四光加紧了对第四纪冰川的考察，先后在扬子江流域、黄山等地发现了大量遗迹，最终推翻了外国人的错误结论。其研究成果对掌握地下的水文和构造，对发展建设事业起了十分重要的作用。

竺可桢……

受命“管天”的一代宗师

近代科学的目标是什么？就是探求真理。科学方法可以随时随地而改换，这科学目标，追求真理也就是科学的精神，是永远不改变的。

竺可桢（1890~1974），字藕舫，又名绍荣、烈祖、兆熊，著名的科学家、教育家，我国近代地理学和气象学的奠基人。

毛泽东主席叫他管天

竺可桢从青少年时代起，就确立了“科学救国”的志向。留学回国后，他看到中国没有自己的气象站，气象预报和资料竟由各国列强控制，便著文疾呼：“夫制气象图，乃一国政府之事，而劳外国教会之代谋亦大可耻也。”

▼乐观开朗的竺可桢

在抗战爆发前的10余年间，他靠着水滴石穿的韧劲，不辞辛劳地在全国各地建立了40多个气象站和100多个雨量观测站，初步奠定了中国自己的气象观测网。

此间，国内新军阀混战不息，南京政府和各省当局没有多少心思用于建设，竺可桢却在兵荒马乱中奔走。

▲竺可桢亲自建立了我国的气象观测系统，这是位于泰山之巅的气象观测站

在此过程中，他又同帝国主义者的控制图谋进行了不屈不挠的斗争。竺可桢坚持全国所有气象电报都由中央气象台集中广播，并将原先用英国殖民者规定的英制记录改为国际通用标准。

1937年，竺可桢去香港出席远东气象会议，港督安排晚宴时竟然把中国代表排在末席。竺可桢认为这是故意损害中国国格，绝不能容忍，便与另外2名中国代表一起愤然离席，以示抗议。

全国解放后，竺可桢投入了很大的精力关注中国的农业生产，想方设法利用气象学知识增加粮食产量。

1964年，他写了一篇重要论文《论我国气候的特点及其与粮食生产的关系》，其中分析了光、温度、降雨对粮食的影响，提出了发展农业生产的许多设想。毛泽东看到此文非常高兴，专门请竺可桢到中南海面谈，对他说：“你的文章写得好啊！我们有个农业八字宪法（土、肥、水、种、密、保、工、管），只管地。你的文章管了天，弥补了八字宪法的不足。”竺可桢回答：“天有不测风云，不大好管呢！”毛泽东幽默地说：“我们两个人分工合作，就把天地都管起来了！”

◀浙江大学内的竺可桢塑像

一生严谨

竺可桢一丝不苟，喜欢事事躬亲。抗战期间，浙江大学几次迁移。虽条件极其艰苦，每到一地竺可桢总不忘收集资料，开展科研。学生们都知道，竺校长随身总带着四件宝：照相机、高度表、气温表和罗盘。

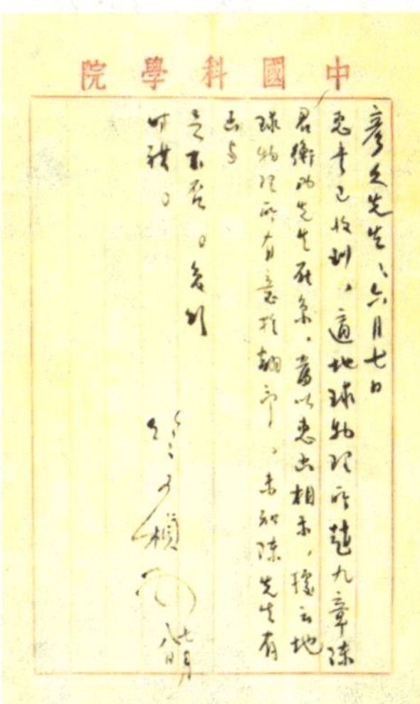

▶竺可桢书札

他71岁时，还参加了南水北调考察队，登上海拔4000多米的阿坝高原，下到险峻的雅砻江峡谷。他严谨的学风，深受广大学者推崇。

竺可桢自幼秉性温和，做事勤勤恳恳，有一种常人难以想象的毅力和韧劲。他年轻时即掌握了英、法、德三种外语。解放后，年过60的竺可桢根据工作需要，又开始学习俄语，一直坚持到70岁，终于能阅读俄文资料。

从1917年在哈佛大学读书时开始，竺可桢就养成了记日记的习惯，其中又主要记录了气象研究的各种资料。由于战乱，只保存1936年到1974年2月6日的日记，共计38年37天，其间竟然一天未断！这些日记页页蝇头小楷，一笔不苟，共计800多万字，令人叹为观止。直到他去世前一天，还用颤抖的笔在日记本上记下了当天的气温、风力等数据。

▲著名的哈佛大学，竺可桢曾经在这里学习过

梁思成……

中国建筑学的奠基人

拆掉一座城楼，像挖去我一块肉；剥去了外城的城砖，像剥去我一层皮。

梁思成（1901~1972），建筑学家和建筑教育家。毕生从事中国古代建筑的研究和建筑教育事业。系统地调查、整理、研究了中国古代建筑的历史和理论，是研究“中国建筑历史的宗师”。培养了大批建筑人才，以严谨、勤奋的学风著称。曾参加人民英雄纪念碑等的设计，努力探索中国建筑的创作道路。还提出文物建筑保护的理论和方法，在建筑学方面贡献突出。

国徽的设计者

中华人民共和国成立前夕的 1949 年 7 月 10 日，新政协筹委会在《人民日报》等大报上刊登了公开征集国旗、国徽图案及国歌词谱的启事。

当时梁思成是国旗、国徽评选委员会的顾问，另外，他和夫人林徽音都是清华大学国徽设计组的负责人。国徽征稿结束时，共收到 900 多件设计图案，但都未被选中，政协筹委会决定把设计国徽的任务交给清华大学和中央美院。

▲由梁思成、林徽音夫妇主持设计的国徽

梁思成夫妇认真分析了征集来的国徽资料，首先明确了国徽和商标的区别，认为国徽是一个国家的标志，它应体现一个民族的历史，一个国家的意志，一个政党的主张。中国的国徽要有中国的特征，能突出政权特征，形式也要庄严富丽，要表现出中国人民的自豪感。于是他们以百倍的热情投入到这项神圣的工作中。经过几个月不分昼夜的奋战，国徽图案终于诞生了。而梁思成和林徽音却在终评的前一天双双病倒，只得让秘书去参加评选工作。

◀梁思成与林徽音的结婚照

钱伟长……
科学巨人

为了中华民族的繁荣富强，我要献出全部学识智慧。

钱伟长（1912~），著名力学家、应用数学家、教育家和社会活动家，我国近代力学奠基人之一，兼长应用数学、物理学、中文信息学，著述甚丰。特别在弹性力学、变分原理、摄动方法等领域成就斐然。早年提出的薄板薄壳非线性内禀统一理论，对欧美的固体力学和理性力学有过重大的影响。创办了我国第一个力学研究室，筹建了中国科学院力学研究所和自动化研究所。长期从事高等教育领导工作，为培养我国科学技术人才做出重要贡献。社会活动十分活跃，积极推动了祖国的统一大业。

童年懂事

钱伟长出生于江苏无锡鸿声乡七房桥的村落，按照乡间习惯，长子出世，照例由父亲取名，但其父钱声一谦让着非要弟弟钱穆给儿子起名。钱穆为此颇动了一番脑筋，最后取了个学名“伟长”。

钱伟长5岁时，钱穆已经结婚。钱穆晚上从秦家水渠三兼小学教书回来，常喜欢和钱伟长逗玩一会儿。晚饭后，老祖母伴着孙儿夜读。钱穆知识渊博，每当钱伟长碰到疑难，就给他详细讲解，成了他最好的启蒙老师。

钱伟长很懂事，知道家境困难和生活的艰辛。他穿的是叔父们小时穿旧了的衣服，只不过请母亲改裁一下。他还帮祖母和母亲养蚕、挑花、糊火柴盒。附近河荡里鱼虾很多，钱伟长总是和小伙伴们在小溪和荡边捞小鱼小虾，捉田鸡，或是在田野间寻觅金花菜、马兰头、荠菜。

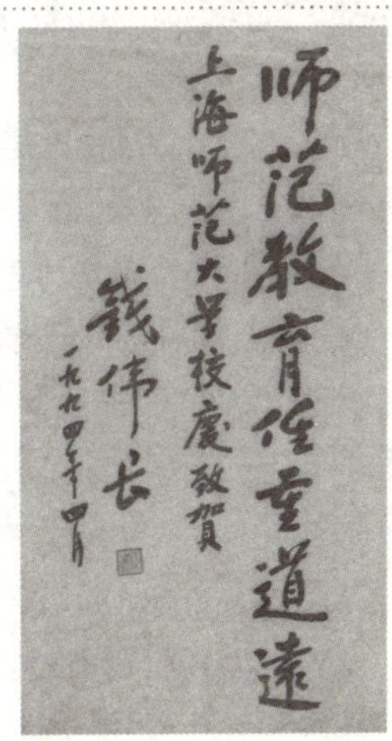

◀钱伟长题词

儿童天性，有时免不了还要淘气，钱伟长回顾这段生活时说：“我就不相信，一个人在七八岁的时候就能定了他的终身。老实说，多数孩子的觉悟是比较晚的，尤其是男孩子，有人晚到十六七岁，或至少十四五岁才开始觉悟。男孩子就是淘气，淘气的学生将来长大了往往是有为的青年。而那种婆婆妈妈、循规蹈矩的学生，一般不是科技工作者的坯子。”

钱声一觉得老母对孩子过于宠爱，怕以后经不起坎坷。他同钱穆商量，在钱伟长5岁后，就把他送到盛桥东岳庙初级小学启蒙。1919年暑假，钱穆应聘后宅镇第一初级小学校长职位后，就带着钱伟长走马上任了。

童第周……
“克隆先驱”

应该记住，我们的事业，需要的是手，而不是嘴。

童第周（1902~1979），字蔚孙，浙江鄞县人，是我国著名的生物学家和优秀的教育家、社会活动家，是卓越的实验胚胎学家，我国实验胚胎学的主要创始人。他系统研究了文昌鱼的卵子发育规律，为进一步确定文昌鱼在动物学上的位置提供了重要证据，丰富了实验胚胎学理论。他领导的研究工作居于国内外同类研究的先进行列，在实验胚胎学和发育生物学研究方面，取得了创造性的成果。

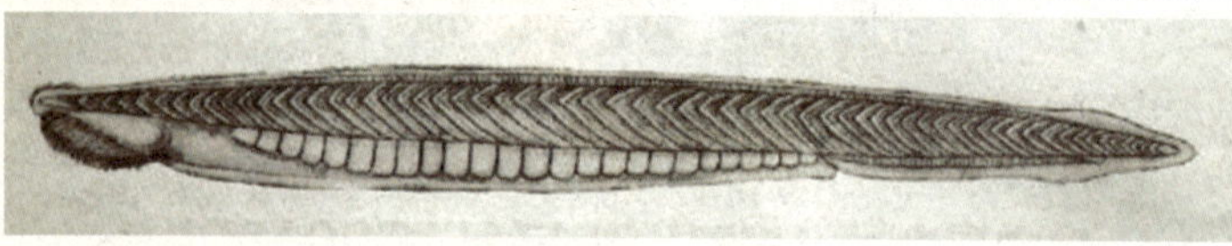

▲童第周对文昌鱼的研究做出了杰出的贡献

良好的家庭环境

1902年5月28日，童第周出生在浙江省宁波市鄞州区塘溪镇童家岙。这里山峦叠嶂，绿水环绕，满目葱茏。早在古代，小山村知书达理和学而优则仕就蔚然成风。据说，从宋至清，这一地区出了6名状元、1000多名进士、数千举人。可见诗书礼仪之风鼎盛、儒学重教由来已久，深入人心。

童第周的父亲重视自己的学习，重视对儿女们进行诗书教化、知识启蒙，而且还创办了小山村第一所私塾学校，教化村民，造福后代。

父亲比较开明的思想和教育，使童第周兄弟几人耳濡目染。受父亲的影响，爱学习、追求知识的种子早早地就在童第周兄弟几个人的心里生根发芽，并渐渐得到了强化。

尽管学而优则仕是童第周的父亲送子读书受教育的初衷，但这无形中也使子女混沌大开，知书达理，提升了自己为人做事的品格修养。

父亲去世后，童家兄弟一个个相承接力，循环资助，培养兄弟成才，一时成为乡里美谈。这不能不说是童第周父亲颇有眼光、懂得学习重要性的结果。

◀留学比利时时的童第周

滴水穿石

童第周小时候的好奇心十分强，看到不懂的问题往往要向父亲问为什么。父亲每次都不厌其烦地耐心给他讲解。

一天，童第周看到屋檐下的石阶上整整齐齐地排列着一行小坑，他觉得十分奇怪，琢磨半天也弄不明白是怎么回事，便去问父亲："那屋檐下石板上的小坑是谁敲出来的？是做什么用的呀？"父亲看到儿子这么好奇，高兴地说："这不是人凿的，这是檐头水滴下来敲的。"小童第周更奇怪了，水还能把坚硬的石头敲出坑？父亲耐心地解释说："一滴水当然敲不出坑，但是天长日久，点点滴滴不断地敲，不但能敲出坑，还能敲出一个洞呢！古人不是常说'滴水穿石'嘛！就是这个道理。"

父亲的一席话，在小童第周的心里激起了一阵阵涟漪。他坐在屋檐下的石阶上，望着父亲，似懂非懂地点了点头。

由于农活比较多，童第周对学习逐渐失去兴趣，不想读书了。父亲耐心地开导童第周说："你还记得'滴水穿石'的故事吗？小小的檐水只要常年坚持不懈，就能把坚硬的石头敲穿。难道一个人的恒心不如檐水吗？学知识也要靠一点一滴积累，坚持不懈才能获得成功。"

为了更好地鼓励童第周，父亲书写了"滴水穿石"四个大字赠给他，并充满期望地说："你要把它作为座右铭，永志不忘。"

▲童第周塑像

体细胞核克隆黑斑蛙成功

在体细胞核移植克隆两栖类的研究中，实验生物学家童第周做出了杰出的贡献。

1978 年，他采用黑斑蛙的红细胞作为核供体细胞；同时，取黑斑蛙未受精卵，去核；用显微手术将红细胞核取出，并移植到去核卵中，核分裂后，经发育而成黑斑蛙蝌蚪。

红细胞是高度特质化的体细胞，功能高度专一，主要是运用它的血红蛋白来运载交换氧气和二氧化碳。红细胞的核不分裂，也检测不出其代谢活动，它是由骨髓造血干细胞分裂和分化而来的。虽然两栖类的红细胞已高度分化，但它仍然携带着完整的基因组。

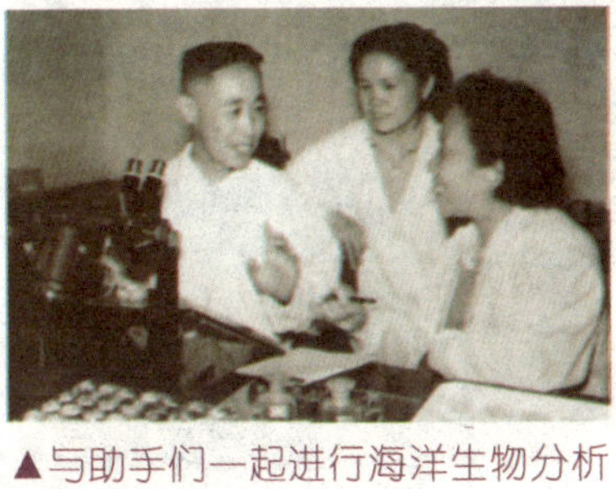

▲与助手们一起进行海洋生物分析的童第周

童第周的研究证明，两栖类红细胞核在适合的条件下也可发生分化的逆转而全面表达。这项工作进一步证实了格登先前取得的结果，并说明不同的体细胞具有同样的遗传功能。

科学研究的每一步都充满着智慧和艰辛，也都为后继之研究开辟道路、奠定基础。没有格登、童第周在体细胞核移植克隆两栖类动物的成功，威尔穆特要一下子用体细胞核移植克隆成功哺乳动物是难以想象的。

周培源……
世界欠中国一次诺贝尔奖

在人生的殿堂里，只有勤奋学习，勇于开拓创新，才能叩开成功的大门。

周培源（1903-1993），1926 年毕业于美国芝加哥大学，获学士、硕士学位。著名流体力学家、理论物理学家、教育家和社会活动家。中国科学院院士，我国近代力学奠基人和理论物理奠基人之一。

刚直不阿　作风正派

周培源为人正直无私，刚直不阿，作风正派，从不阿谀奉承，投机取巧。在任何时候任何情况下，不管来头多大、压力多大，他从来不说违心的话、不做违心的事。“文化大革命”期间，“中央文革小组”组长陈伯达为了抢夺“科学革命的旗手”，提出要组织批判爱因斯坦的相对论。他特地跑到北京大学找周培源，要他参加批判，并要召开万人大会，“打倒爱因斯坦”。

▶科学革命的旗手——周培源

周培源对这位不速之客非常冷淡，并明确指出：“爱因斯坦的狭义相对论批不倒，爱因斯坦的广义相对论在学术上有争论。”把陈伯达顶了回去，一点不留情面，更无丝毫迎合之举。陈伯达刮起一阵“打倒爱因斯坦”的黑风后，周培源从科学实际出发，不畏权势和巨大压力，不随波逐流，坚持科学真理，旗帜鲜明地指出爱因斯坦是打不倒的。

“文化大革命”期间，“四人帮”曾刮起一阵取消基础理论研究的歪风。周培源根据科学技术发展的规律，从国家近期和长远利益的综合考虑出发，态度鲜明地坚持基础理论研究。

他写了一篇 5000 多字的阐述基础理论的教学和研究的必要性与重要性的文章，于 1972 年 10 月 6 日在《光明日报》上发表。同时还给周恩来总理写了一封信，提出加强基础理论

▲1973 年，黄克逊教授来华讲学，与周培源等人合影

研究的三点建议。周总理在这封信上作了重要批示，指出基础理论研究很重要，并告诫人们对于基础理论研究重要性的认识不要像浮云一样，一吹就过去了。

1958 年“大跃进”时，共产风、浮夸风刮遍全国，一些提法和做法都很错误，同时有的人还不顾事实地宣传粮食亩产几千斤、几万斤，等等。当时周培源认为这些都是不符合科学实际的，从不附和。

数十年来，周培源信奉的格言是：“独立思考，实事求是，锲而不舍，以勤补拙。”

▲1962 年 2 月 15 日，在广州召开的全国科学技术工作会议上，周恩来向周培源（右）和钱三强（中）祝酒

报效中华　毅然回国

1945 年年底，美国国防委员会战时科学研究与发展局工作结束，从事鱼雷空投入水研究组的大部分科研人员被美国海军部留下，并成立海军军工试验站。周培源也应邀留下，年薪高达 6 千多美元（相当于 80 年代末的 6 万多美元）。由于该试验站是美国政府的一个科研机构，应聘人员要有美国国籍。为此，周培源当时明确提出：第一，不做美国公民；第二，只能担任临时性职务；第三，明年 7 月要代表中国学术团体去欧洲参加国际会议，因此只能工作到明年 6 月末。这三个条件都被美方接受。周培源准时于 1946 年 7 月离职赴欧，并于 1946 年 10 月由欧洲返回美国，1947 年 2 月全家乘船离开旧金山前往上海。

▲与时俱进的教育家周培源

那时，国民党已全面发动内战，且国民党统治区政治腐败、通货膨胀，人民苦不堪言，政权即将崩溃。因此在国内外的不少朋友得知周培源全家要回国时，都劝他不要回国。周培源当时的想法是：“我虽不了解共产党的政策，但共产党人也是中国人，共产党在延安时期的政绩就有很高的声誉，而且我是由清华大学派送去美国进行科学研究的，所以我一定要回到清华大学工作。”

那个时候，清华大学教授的月薪仅约相当于 25 美元。周培源丝毫不留恋美国的优厚待遇和良好的工作条件，也不相信国内外敌对势力对中国共产党的种种不实宣传，报效中华之心极为坚定，带领全家于 1947 年 4 月回到北平。

华罗庚……

初中毕业的数学家

锦城虽乐，不如回故乡；乐园虽好，非久留之地。归去来兮。

华罗庚（1910-1985），数学家，中国科学院院士。主要著作有《堆垒素数论》、《数论导引》、《高等数学论》、《典型群》等。

酷爱数学

华罗庚原来也是个调皮、贪玩的孩子，但他很有数学才能。有一次，数学老师出了一道中国古代有名的算术题——有一样东西，不知是多少。3个3个的数，还余2；5个5个的数，还余3；7个7个的数，还余2。问这样东西有多少？——题目出来后，同学们议论开来，谁也说不出得数。华罗庚举手说："我算出来了，是23。"他不但正确地说出了得数，而且算法也很特别，这使老师大为惊诧。

▶青年时期的华罗庚

可是，这个聪明的孩子，在读完中学后，因为家里贫穷，从此失学了。他回到家里，在自家的小杂货店做生意，卖点香烟、针线之类的东西，替父亲挑起了养家的重担。然而，华罗庚仍然酷爱数学。不能上学，他就自己想办法学。

一次，他向一位老师借来了几本数学书，一看，便着了魔。从此，他一边做生意、算账，一边学数学。有时看书入了神，人家买东西他也忘了招呼。

傍晚，店铺关门以后，他更是一心一意地在数学王国里尽情漫游。一年到头，差不多每天都要花十几个小时，钻研那些借来的数学书。有时睡到半夜，想起一道数学难题的解法，他就翻身起床，点亮小油灯，把解法记下来。

报效祖国

1936年，经熊庆来教授推荐，华罗庚前往英国，留学剑桥。

20世纪声名显赫的数学家哈代，早就听说华罗庚才华出众，他说："你可以在两年之内获得博士学位。"可是华罗庚却说："我不想获得博士学位，我只要求做一个访问者。我来剑桥是求学问的，不是为了学位。"

▲华罗庚曾经留学的英国剑桥大学

两年中，他集中精力研究堆垒素数论，并就华林问题、他利问题、奇数哥

▲美国伊利诺伊大学，华罗庚曾在这里讲学，并被聘为终身教授

德巴赫问题发表18篇论文，得出了著名的“华氏定理”，向全世界显示了中国数学家出众的智慧与能力。

1946年，华罗庚应邀去美国讲学，并被伊利诺伊大学高薪聘为终身教授，他的家属也随同到美国定居。有洋房和汽车，生活十分优裕，当时不少人认为华罗庚是不会回来了。

新中国的诞生，牵动着热爱祖国的华罗庚的心。1950年，他毅然放弃在美国的优裕生活，回到了祖国，而且还给留美的中国学生写了一封公开信，动员大家回国参加社会主义建设。他在信中坦露出了一颗爱中华的赤子之心，虽然数学没有国界，但数学家却有自己的祖国。

从初中毕业到人民数学家，华罗庚走过了一条曲折而辉煌的人生道路，为祖国争得了极大的荣誉。

▲人民教育家

巧对对联

在我国科学家中，博学多才、触类旁通者实在不乏其人，杰出的数学家华罗庚便是其中之一。他不仅在数学的诸多领域中做出了重大贡献，而且在文学上也有着很高的造诣，尤其善长写诗对对。

解放初期，以我国著名科学家钱三强、赵九章为团长的中国科学家代表团到国外访问。在飞机上，华罗庚以钱三强的名字为题，给大家出了一副对联的上联，索对下联，上联是：三强：赵、魏、韩。这真是一副妙联，“三强”既指钱三强的名字，又延伸出春秋战国时五霸七雄中的三个强国。上联出得巧妙风趣，寓意自然贴切。

大家想了一会儿，一时谁也对不出下联。这时，钱三强便向华罗庚请教。华罗庚不慌不忙地看了赵九章一眼，笑着吟出了下联：九章：勾、股、弦。

下联一出，立刻博得了一片喝彩声。

这是一副绝妙的嵌名联，在短短的10个字内镶嵌了两个人的名字，一个是（赵）九章，一个是（钱）三强。而“九章”又指的是我国古代算经十书中最重要的一种《九章算术》，在这部书里提出了著名的“勾股弦”定理。全联对仗工整，采用一语双关的修辞手法，既有深意又十分风趣，也很有现场感。对此，众科学家们幽默地说：“真是三句话离不开本行，数学家对对联也离不开数学。”

钱学森……
享誉世界的“中国航天之父”

不要失去信心，只要坚持不懈，就终会有成果的。

钱学森（1911~），应用力学、航天技术和系统工程科学家。在应用力学、喷气推进与航天技术、工程控制论、物理力学、系统工程、系统科学、思维科学、人体科学、科学技术体系与马克思主义哲学等领域都具有开拓性的贡献，在国内外享有很高的声誉。

冲破阻力回祖国

钱学森祖籍杭州，1911年12月生于上海。1935年自上海交通大学毕业后，考取清华大学公费留美，学习航空工程和空气动力学。1947年被提升为终身正教授，时年仅36岁。

钱学森在美国20年间，成为世界上年轻的优秀科学家，受到了美国科学技术界、军事科学界、教育界的尊重，并予以极高的荣誉和待遇。美国作家维奥斯特称钱学森是“帮助美国成为世界第一流军事强国的科学家银河中一颗明亮的星”。

然而，钱学森是一位热爱祖国的科学家，也是一位孝子。从出国那一天起，他就抱定了回国的信念。1949年，新中国成立了，钱学森立即决定返回祖国，参加新中国的建设。

1950年夏，正当钱学森一家买好飞机票、托运了行装，准备回国的时候，受到了美国麦卡锡主义的残酷迫害，诬陷他是美国共产党员，还借口在他已托运的800千克书籍里发现了所谓“军事机密”材料，因而扣留全部书箱，并非法拘留他长达5年之久。

▶钱学森于1945年在美期间与恩师冯·卡门一同出国考察

其实，是他们感到钱学森是一种力量、一种威胁。当时美国海军次长金波尔说：“我宁可把这家伙枪毙了，也不能让他离开美国！那些对我们来说至为宝贵的情况，他知道得太多了，无论他在哪里，都抵得上三五个师！”

1950年10月~1955年8月，经过中国政府和全国科学工作者的抗议、呼吁与斗争，特别是在日内瓦中美大使级会议上，王炳南大使按照周恩来总理的授意，与美方多方交涉，美方才被迫允许钱学森离美回国。

1955年10月8日，钱学森一家搭乘“克利夫兰总统号”邮船，与许国志等30名中国学者和学生结束万里航行，抵达九龙。然后，转乘火车，经罗湖桥踏入祖国的南大门。

一穷二白创奇迹

20 世纪五六十年代新中国成立不久，中国的工业化正在开展，国力不强，科研力量薄弱，条件很艰苦，是真正的白手起家，是真正的创业。

1956 年 10 月，我国的第一个导弹技术研究院——国防部第五研究院成立，钱学森任院长。当时，在一无资料，二无技术，经济基础薄弱，外国专家撤走的情况下，钱学森先生同中国科学人士克服了重重困难。

▲钱学森于 1955 年携妻子儿女毅然踏上归国之路

钱学森首先提出火箭喷气技术即导弹技术的建立，并亲自起草和制定关于火箭喷气技术的建立，他说："我是要建议我们国家搞导弹，这是很重要的军事武器，将来一定要大发展！"

在第一枚导弹发射之后，钱学森又提出，一定要进一步地搞高能燃料，加大它的推力、速度，自行设计、制造、实验并成功发射了导弹，原子弹和人造卫星。从 1956~1968 年短短的 12 年间，新中国取得了进入世界军事强国行列入场券的奇迹，令世人刮目相看。

晚年的钱学森被选为中国科学技术协会主席，肩负起领导全国各自然科学学会的协作、协调工作，继续推动着中国科学技术总水平的不断提高。钱学森也因此而被誉为"中国航天之父"。

人民科学家

◀与专家们共同探讨问题的钱老

年轻时的钱学森不迷信权威，曾经与老师争论得面红耳赤；当他成为权威时，面对年轻大学生提出的正确意见，他也坦然接受，立即在讲义上作出修改。他经常对人说，我在北京师大附中读书时算是好学生，但每次考试也就 80 多分；我考取上海交大，并不是第一名，而是第三名；在美国的博士口试成绩也不是第一等，而是第二等。

从一名爱国青年成长为一名著名的科学家，从一名科研工作者升华为一名自觉的马克思主义者，钱学森在不懈的科学追求中，实现了人生的一大跨跃。

单位要为他建房他坚决不同意，因为"我不能脱离广大科技人员"；报刊上颂扬他的文章被打招呼"到此为止"；100 万港元的巨额奖金支票，他看都未看，全部捐给了西部的治沙事业。

不题词，不为人写序，不参加鉴定会，不出席开幕式、剪彩仪式，不兼任任何顾问，不到外地开会，不出国……钱学森推辞了一切应酬，只为能静下心来，抓紧每一分钟，为祖国的科技事业和现代化建设专心工作。

"我本人只是沧海之一粟，渺小的很。真正伟大的是中国人民，是中国共产党，是中华人民共和国！"这是钱学森——一位人民科学家的真诚心声。

吴阶平……

中国医学界的泰斗

健康不是一切，但没有健康就没有一切。自我保健，是明天健康的方向。

吴阶平（1917~），泌尿外科学家。江苏常州人。1942年毕业于协和医学院。1947年入美国芝加哥大学学习。1948年回国。历任北京医学院第一附属医院院长、教授，北京第二医院院长，中国医学科学院副院长、院长、名誉院长，中国协和医科大学校长、名誉校长，中华医学会会长，泌尿外科学会主任委员，中国计划生育协会副会长，中国科学院生物学部委员，国际外科学会、国际泌尿外科学会会员。在肾结核对侧肾积水和肾上腺髓质增生研究中有独创性见解；创用输精管结扎并用精囊灌注术，增强了避孕效果。主编有《泌尿外科学》、《泌尿外科进展》等。

难忘的批评

吴阶平学医完全是听从父亲的安排。父亲认为旧社会腐败，不能让儿女们从政，而做医生却是一种既高尚又稳妥的职业，不管社会如何动乱，济世救人总是会受到人们的尊重。他认为，要想当一个有本领的医生，必须进协和。

要想进协和，最好先进燕京大学，在医预科学习。1933年，吴阶平考入燕大医预科，到1936年考协和时，全班52名同学，只有15人被录取。

吴阶平19岁进协和，是全班年龄最小的。一进校，压力便扑面而来。学习生活十分紧张，学校对学生要求极为严格，从专业学习到言谈举止，都必须一丝不苟。平时的实验报告、读书报告或病历记录，都要求记述准确，书写工整，交教师或上级医生批阅。

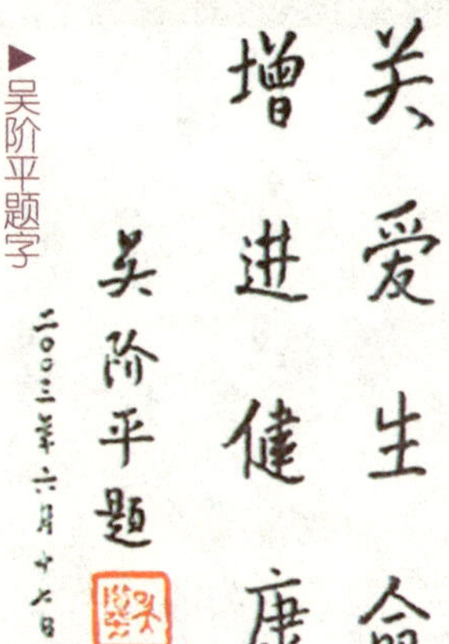

▶吴阶平题字

生物化学课的部分课程由国际上很有名望的吴宪教授主讲。为了督促同学的学习，学校每星期六都要进行测验，然后在星期一上课时，教师分析和讲评学生的答卷。

一个星期一，吴宪教授刚一上讲台，就严肃地问：“你们知道人和猴子有什么区别吗？”台下没有一个同学敢做声。他接着说：“人知道自己不知道什么，而猴子却不知道自己不知道什么。”

接着他就开始讲课，几分钟后，同学们恍然大悟：这是教授对考试成绩极端不满的表示。这次批评虽过于刻薄，却给吴阶平留下了难忘的印象。

李政道……
神州成长的“神童博士”

假如你把所有的错误都犯了以后，最后的结果当然是对的。

李政道（1926~），美籍华裔物理学家。出生在上海。中国科学院外籍院士，美国哥伦比亚大学物理系教授，美国科学院院士，中国高等科学技术中心主任，浙江近代物理中心主任。

年轻的诺贝尔奖获得者

李政道出生在上海，自幼酷爱读书，整天手不释卷，连上卫生间都带书看。有时手纸没带，书却从未忘带。

抗战时期，李政道辗转到大西南求学，一路上把衣服丢得精光，但书却一本未丢。

20岁的李政道到美国留学，当时他只有大二的学历，但经过严格的考试，竟然被芝加哥大学研究生院录取。3年后便以“有特殊见解和成就”通过了博士论文答辩，被誉为“神童博士”，当时他才23岁。

▲美国芝加哥大学，只有大学二年级学历的李政道，在这里只用了短短3年时间就通过了博士论文答辩

李政道对近代物理学的杰出贡献是：1956年和杨振宁合作，深入研究了当时令人困惑的 $\theta-\tau$ 之谜，并且提出了“李－杨假说”，即在基本粒子的弱相互作用中宇称可能是不守恒的。

▲1957年部分诺贝尔奖获得者合影，自左至右：博韦（Daniel Bovet，医学奖）、塔德（Alexander Todd，化学奖）、加缪（Albert Camus，文学奖）、杨振宁（物理学奖）、李政道（物理学奖）

后来，这一假说被华裔女物理学家吴健雄用实验所证实，从而推翻了过去在物理学界被奉为金科玉律的宇称守恒定律，为人类在探索微观世界的道路上打开了一扇新的大门。他也因此获得了1957年度诺贝尔物理学奖。

一项科学工作在发表的第二年就获得诺贝尔奖，这在历史上还是第一次。李政道又是到那时为止第二个最年轻的诺贝尔奖获得者。

杨振宁……

获得诺贝尔奖的华裔

科学的最高境界是哲学

杨振宁（1922~），安徽省合肥县人。美籍华人，美国纽约州立大学石溪理论物理研究所教授、所长。中国科学院外籍院士。“爱因斯坦讲座”教授、物理学家。1957 年获诺贝尔物理学奖；1958 年当选中央研究院院士；1965 年应纽约州立大学校长托尔邀请，筹备创立石溪分校研究部门；1966 年离开普林斯顿赴纽约州立大学石溪分校主持物理研究所，担任教授至今。

小脚母亲教给了我一生受用的知识

一个只念过几年私塾的女人，在儿子 6 岁以前就教会他认 3000 个字，这个女子想必应有绝顶的聪明。杨振宁的启蒙老师就是这样一位母亲。

妈妈的脚不是三寸金莲，但那是一双变了形的脚。杨振宁每一次看见她的脚，都觉得非常难过。她念过几年私塾，杨振宁认识的头 3000 个字是母亲教会的。那时候父亲在芝加哥大学留学，只有他和母亲住在一起。母亲除了教会杨振宁 3000 个字，还给他留下了坚强意志的信念。

▲杨振宁与陈省身

12 岁的“少年狂”

杨振宁在 7 岁的时候来到清华园，在这里一共住了 8 年。当时的附属小学里面有两个“大头”，一个是杨振宁杨大头，一个是俞平伯的儿子俞大头。

杨振宁小时候，至少不是一个最守规矩的孩子。据他自己说，清华的每一棵树他都爬过。

中学是在绒线胡同上的，就是现在的北京市第 31 中。那个学校当时只有不到 300 个学生。这时候，当北大数学教授的父亲杨武之已经知道儿子学数学的能力很强。他当时如果教儿子解析几何和微积分，儿子一定学得很快。可是他没有这样做，而是在初一与初二之间的那个暑假，请雷海宗教授介绍一位历史系的学生教杨振宁学《孟子》。所以在中学时代，杨振宁就可以背诵《孟子》全文了。

对于父亲书架上的许多英文和德文数学书籍，杨振宁常常翻看。因为外文基础不够，所以看不懂细节。每次去问父亲，父亲总是说：“慢慢来，不要着急。”

上学念书的时候，杨振宁喜欢东翻西看，一次看了艾迪顿写的《神秘的宇宙》，那里面讲的是20世纪到那个时候为止所发现的一些新的物理学的一些现象与理论。他顿时被激发出了极大的兴趣，回家以后就跟父亲、母亲开玩笑，说将来要得诺贝尔奖。

杨振宁也许没有想到，他真的应验了12岁时的戏言，为中国人拿回了第一个诺贝尔奖。

▲1957年12月10日，杨振宁和李政道在瑞典首都斯德哥尔摩接受1957年诺贝尔物理学奖金后，瑞典国王古斯塔夫·阿道尔夫向他们致贺

入了美国籍

1957年，杨振宁和李政道夺得诺贝尔物理学奖，杨武之博士抱着虚弱之躯，飞往日内瓦。杨武之是带着做父亲的使命感来的，他想劝杨振宁回国。一方面这可能是统战部或明或暗的建议，另一方面也是杨武之自己灵魂深处的愿望。他的心情十分矛盾，他非常想让儿子回去报效国家，但作为老一辈的留美博士，他又清楚地知道儿子留在美国在学术上的意义。矛盾交织中的老人给儿子、儿媳写了两句话："每饭勿忘亲爱永，有生应感国恩宏。"和父母在日内瓦的3次见面，对杨振宁影响极大。

1957年12月10日晚，怀揣1945年赴美留学时发的中国护照的杨振宁在瑞典的诺贝尔奖贺宴上即席演讲，他说："我为自己的中国血统和背景而感到骄傲。"

▲崔自默与陈省身、杨振宁

但是，到了1964年春，杨振宁还是加入了美国籍。他说："从1945年到1964年，我在美国生活了19年，然而，决定申请入美国籍并不容易。对一个在中国传统文化里成长的人，做这样的决定尤其不容易。一方面，传统的中国文化根本就没有长期离开中国移民他国的观念。迁居别国会被认为是彻底的背叛；另一方面，中国有过辉煌灿烂的文化。她近100多年来所蒙受的屈辱，在每一个中国人的心灵中都留下了极深的烙印，任何一个中国人都难以忘却。"

从单身漂洋过海的闯荡到功成名就后的奔波，杨振宁目睹了一幕幕美国社会的悲喜剧，目睹了外国移民抑或"二等公民"在这里的境遇。要知道，直到20世纪20年代美国还有排华法。

当杨振宁本人已经成为一位有影响的科学家之时，仍在租房时受到歧视。最使杨振宁感到痛苦和困惑的是，他所钟爱的科研事业，每每因他不是美籍而多受掣肘，当"有不少因素使我裹足不前，而美国这个社会又给了我发挥潜力的机会，……我在这儿的根几乎在不知不觉中就已经往深处扎了"的时候，杨振宁于1964年初最终做出了加入美籍的抉择。

杨武之在1973年故去之前，一直在北京和上海当数学教授。他对于儿子的决定没有抱怨，但杨振宁知道，直到临终前，父亲对于他放弃故国的举动，在心底里始终没有宽恕过他。

邓稼先……
中国核武器之父

一不为名，二不为利，但工作目标要奔世界先进水平。

邓稼先（1924~1986），中国核物理学家。从1958年开始隐姓埋名28年，负责研究我国第一颗原子弹、氢弹，是我国核武器理论研究工作的奠基者和开拓者之一，被誉为“两弹元勋”。

两弹元勋

邓稼先出生于安徽怀宁县一个书香门第之家。翌年，他随母亲到北京，在担任清华、北大哲学教授的父亲身边长大。

他5岁入小学，在父亲指点下打下了很好的中西文化基础。1935年，他考入中学，与比他高两班，且是清华大学院内邻居的杨振宁结为最好的朋友。

邓稼先在校园中深受爱国救亡运动的影响，1937年北平沦陷后秘密参加抗日聚会。在父亲的安排下，他随大姐去了大后方昆明，并于1941年考入西南联合大学物理系。

1945年抗战胜利时，邓稼先从西南联大毕业，在昆明参加了共产党的外围组织“民青”，投身于争取民主、反对国民党卖国独裁的斗争。

第二年，他回到北平，受聘担任北京大学物理系助教，并在学生运动中担任了北大教职工联合会主席。抱着学更多本领以建设新中国之志，他于1947年通过了赴美研究生考试，于第二年秋进入美国印第安那州的普渡大学研究生院。由于他学习成绩突出，不足两年便读满学分，并通过博士论文答辩。当时他只有26岁，人称“娃娃博士”。

▲邓稼先（中）与杨振宁（左）、杨振平（杨振宁的弟弟）1949年在美国的合影

▼邓稼先等老一辈科学家就是用这样的手摇计算机和半自动计算机进行复杂的科学计算的

1950年8月，邓稼先在美国获得博士学位9天后，便谢绝了恩师和同校好友的挽留，毅然决定回国。同年10月，邓稼先来到中国科学院近代物理研究所任研究员。

1958年秋，二机部副部长钱三强找到邓稼先，说“国家要放一个‘大炮仗’”，征询他是否愿意参加这项必须严格保密的工作。邓稼先义无反顾地同意。从此，邓稼先的名字便在刊物和对外联络中消失，他的身影只出现在严格警卫的深院和大漠戈壁。

邓稼先不仅在秘密科研院所里费尽心血，还经常到飞沙走石的戈壁试验场。1964 年 10 月，中国成功爆炸的第一颗原子弹，就是由他最后签字确定了设计方案。他还率领研究人员在试验后迅速进入爆炸现场采样，以证实效果。他又同于敏等人投入对氢弹的研究，最后终于制成了氢弹，并于原子弹爆炸后的 2 年零 8 个月试验成功。这同法国用 8 年、美国用 7 年、苏联用 4 年的时间相比，创造了世界上最快的研制速度。

▲1964 年，邓稼先领导组织的原子弹研制工作取得突破性进展。10 月 26 日，我国第一颗原子弹试验成功

1972 年，邓稼先担任核武器研究院副院长，1979 年又任院长。1984 年，他在大漠深处指挥中国第二代新式核武器试验成功。

以诚信交友

邓稼先是我国著名的科学家，在氢弹和原子弹的研制中担任着非常重要的职务。他和诺贝尔物理奖获得者、美籍华人杨振宁从小就是好朋友。两人都很聪明，但是性格不同，杨振宁比较机灵，邓稼先沉稳老实。可是他们都很敬重对方，以对方的优点为榜样互相学习。

长大以后，他们都在美国留学，并且都学习理论物理学，从事原子核物理研究。邓稼先毕业后不久返回祖国，支持祖国的科技建设，杨振宁则继续留在美国搞科学研究。

邓稼先回国后，被派去领导和组织原子弹的研制工作。经过多年的艰苦奋斗，1964 年 10 月 26 日，我国第一颗原子弹试验成功。杨振宁知道了这个消息后很为自己的祖国高兴，同时他也很想知道自己的好朋友邓稼先是否也参与了原子弹的研究工作。但他知道这是国家机密，如果问邓稼先，会让他为难的，所以就一直没问过。

1971 年，杨振宁回国探亲，邓稼先到首都机场迎接分别了整整 20 年的老朋友，两人一见面就没完没了地聊了起来。但是由于邓稼先从事的工作都是国家机密，两人的谈话总是点到为止，尽量不涉及这方面的问题。可是杨振宁十分想知道邓稼先是否参与了原子弹的研究，于是就绕着弯子问他："听说中国研究原子弹的专家中有美国人，有这回事么?"

这个问题让邓稼先很为难，如果回答说"没有"，就证明了自己很了解参加原子弹试验的成员，这实际上是承认了自己也参与了原子弹的研制；如果回答说"不知道"，又是在欺骗老朋友。于是他就想出一个既不泄密，也不欺骗朋友的办法，说："我以后再告诉你吧。"

于是，邓稼先把这个问题向上级汇报，最终得到周总理的批准。邓稼先这才如实地答复了老朋友的问题。

袁隆平……
杂交水稻之父

依靠科学技术进步就能养活中国。

袁隆平1930年9月出生于北京，1953年毕业于西南农学院农学系。1995年被选为中国工程院院士。袁隆平院士是我国杂交水稻研究领域的开创者和带头人。杂交水稻研究成果获得我国迄今为止唯一的发明特等奖。并先后荣获联合国教科文组织、粮农组织等多项国际奖励。

苦学游泳

早在抗战初期，8岁的袁隆平随着父母从汉口逃难来到湖南省桃源县。一天，四弟不小心将他从船头挤入滔滔江水，幸遇一位老船工及时搭救，才捡回条命。幼小的他决心要像船工老伯那样学会“划水”，也能在水里救人。

接着，他们又举家逃到重庆。夏日，每逢放学回家，最惬意的事便是去长江边上戏水。先学狗刨式，再学蛙泳，很快就会了，却总嫌速度不够快、不过瘾。要去救人，太慢了怎么行？几经苦练苦学，终于又学会了“自由式”。10岁还不到的一个孩子，竟胆大包天，敢于去横渡长江了！

1947年，他家已经迁回汉口。湖北省举行游泳比赛时，他正在念高一，虽说十六七岁了，却个头瘦小、不显眼，体育老师不同意他参赛。他却暗自穿了运动服，搭了另一个参赛同学的自行车，巧妙地闯进赛场，竟一举获得汉口赛区男子自由泳第一名和全省男子自由泳第二名。

自此，袁隆平的“游兴”更浓，长盛不衰。在安江农校教书期间，只要一有时间，他便泡进沅江；长住海南搞杂交稻育种繁殖的日子，夜深了，他还要去大海的风浪中搏击一番……

▲酷爱读书的袁隆平

知识更新

袁隆平特别喜欢读书，每次出差，当地的书店他是必定要去逛的。晚上睡觉前也总要看看书，像是在用读书的方式催眠，看着看着便进入了梦乡。

他读书涉猎范围很广，除了专业方面的，也看国内外文学名著，像《泰戈尔情诗》、《莎士比亚四大悲剧》、《简爱》、《呼啸山庄》等，且喜欢读英文原版，他认为这也是学习外语的一种方式。他说：“多掌握一门外语，就等于多打开了一扇知识的大门。”

▲袁隆平由于其在杂交水稻方面的杰出贡献而荣获世界粮食奖

袁隆平的外语功底厚实，除了儿时深受通晓英文的母亲的影响熏陶外，本人的痴迷、勤奋及对语言的敏锐感知和驾驭的天赋，更是他成功的筹码。

在安江那个山寨小镇呆了几十年，他的英文几乎丢光忘尽了。为了知识更新和国际交流的需要，他决意重新把英文找回来。

他挤出时间看书、查词典、听收音机、背英语单词，进行强化训练。他说他曾强迫自己每天背单词100个，这样，即使丢掉了一半，也还记下了四五十个。年深月久，他的词汇量已相当大，涉及面又广，无论专业语汇，还是生僻词语，都反应敏锐、发音标准而地道，完全能作为一种熟练的语言与国外交往。

▲袁隆平在试验田

他遍访数十个国家，无论是讲学、学术交流、参观访问，从来不依靠翻译。

走进水稻王国

袁隆平是新中国第一代大学生，1953年毕业于西南农学院，被分配到偏远落后的湘西雪峰山麓安江农校教书。

1960年，罕见的天灾降临中国。大饥荒夺去数千万人的生命。袁隆平亲眼目睹了这场灾难，严酷而沉痛的现实使他决意开始水稻高产育种研究。

1964年，袁隆平偶然发现了一株天然杂交水稻，优势非常强，这给了他很大启发。

虽然当时的理论以及国际上的普遍观点都认为，水稻没有杂交优势。但是袁隆平和他的同行们经过艰难探索，用9年时间实现了“三系”配套，并选育了第一个在生产上大面积应用的强优高产杂交水稻组合——南优2号，它立刻显示了增产效应，亩产达到623公斤，比常规稻单产增加20%左右。为此，他于1981年荣获我国第一个国家特等发明奖，被国际上誉为“杂交水稻之父”。

◀戏称自己是『知识农民』的袁隆平整日在田间地头搞研究，推广先进的杂交技术

陈景润……

"1+2"引升的一颗巨星

无数艰难险阻，懦夫和懒汉是不可能享受到胜利的喜悦和幸福的。

陈景润（1933~1996），福建福州人，1953年毕业于厦门大学数学系，中国科学院数学研究所研究员。主要从事解析数论方面的研究，并在哥德巴赫猜想研究方面取得国际领先的成果。陈景润是世界著名解析数论学家之一，又对筛法及其有关重要问题，进行广泛深入的研究。

数学之星

陈景润出生在一个小职员的家庭里，父亲希望这个孩子的降生能给家中带来"滋润"的日子，因此给他起了个吉利的名字。

少年陈景润酷爱数学，数学成绩在班里总是名列前茅。他不善言谈，不喜欢交际，在那些穿着整齐、欢声笑语的同学面前，总是自惭形秽。只有在上课和做作业的时候，他才把自己并列到全班几十个同学之中，也只有在这个时候，同学们才对他刮目相看。

有一次上数学课，老师讲了一个故事：200年前，有一位名叫哥德巴赫的德国数学家提出了一个猜想：凡是大于2的偶数一定可以表示为两个素数之和。比如4＝2+2，6=3+3，8=3+5，……哥氏本人虽然对许多偶数进行了验证，都说明是确实的，但他本人却无法进行逻辑证明。

他写信向著名的数学大师欧拉请教，欧拉花费了多年时间来苦心钻研，至死也没有证明出来。从此这道世界难题就吸引了成千上万的数学家，但始终没有人能攻克下来，因此，它被称为"数学皇冠上的明珠"。

▲陈景润的母校——厦门大学

自从听了这个故事后，哥德巴赫猜想就时常萦绕在陈景润的脑海中。他常想：那颗明珠究竟会落到什么人之手？中国人，还是欧洲人？应该是中国人拿下这道难题。他暗暗下了决心，从此更加发奋学习数学，有时简直到了痴迷的程度。

正因为陈景润具有勇攀科学高峰的雄心壮志和刻苦钻研的精神，他少年时代的梦想终于变成了现实。他像一颗璀璨的明星，升上了数学王国的天空。

▶在少年宫的陈景润

数学怪人

人们在谈论数学家陈景润时，常称他为“数学怪人”。陈景润把全部精力都放在“哥德巴赫猜想”上，和一般人相比，他确实有点怪。

一天，陈景润在图书室里看书，下班的铃声响后，管理员锁上门走了。过了很久，陈景润感到很饿，匆匆向外走去，可是“铁将军”把门，下班走不了啦，他笑了笑，又一头扎进书的海洋。

还有一次，他在从办公室回宿舍的路上，边走边思考数学问题，突然感到有人撞了他一下，顿时眼冒金星，一阵眩晕。他很生气：“前面有人就没看见吗?”“来人”没有回答。陈景润仔细一看，原来自己正站在一棵大树前面，四周连个人影都没有。他苦笑了一下，转身走了，边走边思考问题。也不知过了多长时间，陈景润抬头一看，又回到了办公室门前。他自言自语道：“那就继续干吧!”说着，他又跨进了办公室的大门。

为国争荣誉

▲埋头计算的陈景润

1966 年，生活在 6 平方米小屋的陈景润，借一盏昏暗的煤油灯，伏在床板上，用一支笔，耗去了几麻袋的草稿纸，居然攻克了世界著名数学难题“哥德巴赫猜想”中的（1+2），创造了距摘取这颗数学皇冠上的明珠（1+1）仅一步之遥的辉煌。

他证明了“每个大偶数都是一个素数及一个不超过两个素数的乘积之和”，使他在哥德巴赫猜想的研究上居世界领先地位。这一成果国际上誉为“陈氏定理”，并受到广泛引用。这项工作还使他与王元、潘承洞在 1978 年共同获得中国自然科学奖一等奖。他研究哥德巴赫猜想和其他数论问题的成就，至今仍然在世界上遥遥领先。世界级的数学大师、美国学者阿·威尔曾这样称赞他：“陈景润的每一项工作，都好像是在喜马拉雅山山巅上行走。”

▼两位中国最优秀的数学家在一起——华罗庚和陈景润

陈景润于 1978 年和 1982 年两次收到国际数学家大会请他作 45 分钟报告的邀请。这是中国人的自豪和骄傲。他所取得的成绩，他所赢得的殊荣，为千千万万的知识分子树起了一面不倒的旗帜，辉映三山五岳，召唤着亿万的青少年奋发向前。

丁肇中……

寻找宇宙"最初的奥秘"

一个做科学的人，为拿诺贝尔奖工作是非常危险的。

丁肇中（1936~），美籍华裔物理学家。祖籍山东日照。美国麻省理工学院教授，北京大学荣誉教授，诺贝尔物理学奖获得者。

一问三不知的教授

诺贝尔奖获得者、美籍华人、著名实验物理学家丁肇中教授为南航师生作了一场题为《国际空间站上的 AMS 实验》的学术报告。AMS 实验是由 16 个国家和地区的 56 个研究机构合作承担的国际性大型科研项目，投资约 7 亿美元，目的在于寻找太空中的反物质和暗物质，它将是人类首次在太空中使用粒子物理精密探测仪器和技术。按照惯例，1 小时报告后，丁教授回答同学们提问。

"您觉得人类在太空能找到暗物质和反物质吗?"

"不知道。"

"您觉得您从事的科学实验有什么经济价值吗?"

"不知道。"

"您能不能谈谈物理学未来 20 年的发展方向?"

"不知道。"

一问"三不知"！这的确让在场的所有同学意外，但丁教授的简短而朴实的解释不久就赢得全场热烈的掌声。

▲演讲连答三个"不知道"，其知之为知之，不知为不知的大家风范令人敬佩

丁肇中回答"不知道"时，表情自然、诚恳，没有明知不说的矫揉造作，没有故弄玄虚。据了解，这位在华人中享有盛誉的科学家，却经常回答"不知道"。他常说：不知道的事情绝对不去主观推断，而最尖端的科学很难靠判断来确定是怎么回事。然而，正是"不知道"激起的强烈好奇心使他不断探索宇宙的奥秘。这位仅用 100 美元学费念完 6 年大学的博士（当时美国密歇根大学每年学费 1000 美元，丁肇中因表现出色一直受到校方资助，成为该校百年间从学士到博士完成时间最短的学生）登上了诺贝尔领奖台，在他的科学实验历程中，为人类解开了很多很多"不知道"。

严谨的科学作风

▲北京大学荣誉教授丁肇中先生

“丁肇中是一个非常严谨的人，凡在他身边工作的人都有体会。”

东南大学 AMS-C 实验室负责人李建清教授说：“在 3 月 23 日的新闻发布会上，我不知道大家有没有注意到细节：丁肇中在发言前，先打开幻灯，然后边扭头看幻灯的图片，边调适窗帘的位置。最初窗帘的位置有点高，在较强的光线下，屏幕显得不是很清晰。再放一点，光线又暗了。直到调到合适的位置，他才满意地归座。准备就绪后刚要发言，却又突然停下来，转头看身边的罗军舟教授和其身后的人，他们正在窃窃私语。直到令人窒息的寂静，罗军舟示意对方离开，丁肇中才继续开讲。”

原来，在任何会议上，丁肇中都不允许别人开小差，即便对方是世界顶级科学家，他也一视同仁。

丁肇中那次参观东南大学 AMS-C 实验室时，想要看一下实验数据图表，一位博士操作了好一会儿才找到相关资料。丁肇中神情有些不悦，而那位博士的身体则已经微颤。李建清称，丁肇中在工作上一向要求很严，会很不留情面地指出别人的错误，该博士估计是太紧张了。

回国改穿中山装

◀丁肇中教授领导研制的阿尔法磁谱仪（AMS）将在宇宙空间对带电粒子进行直接观测，目标是寻找宇宙中的反物质和暗物质，并精确测量同位素的丰度和高能 γ 光子

对友人重情，对祖国也是如此。1975 年，丁肇中回到阔别多年的北京，一眼就认出姑妈、表姐。接待者开玩笑说：“丁教授，你这是回到娘家了。”他听了不以为然地说：“怎么说是回娘家呢？我这是回到了自己的家。”

安顿下来以后，他还特地买了一套中山装穿上，诙谐地对身边人说，回到中国，就不能再像个洋人。

1977 年，他再次回国时，特地把妻子和两个女儿带上，希望她们多了解一些中国的情况。

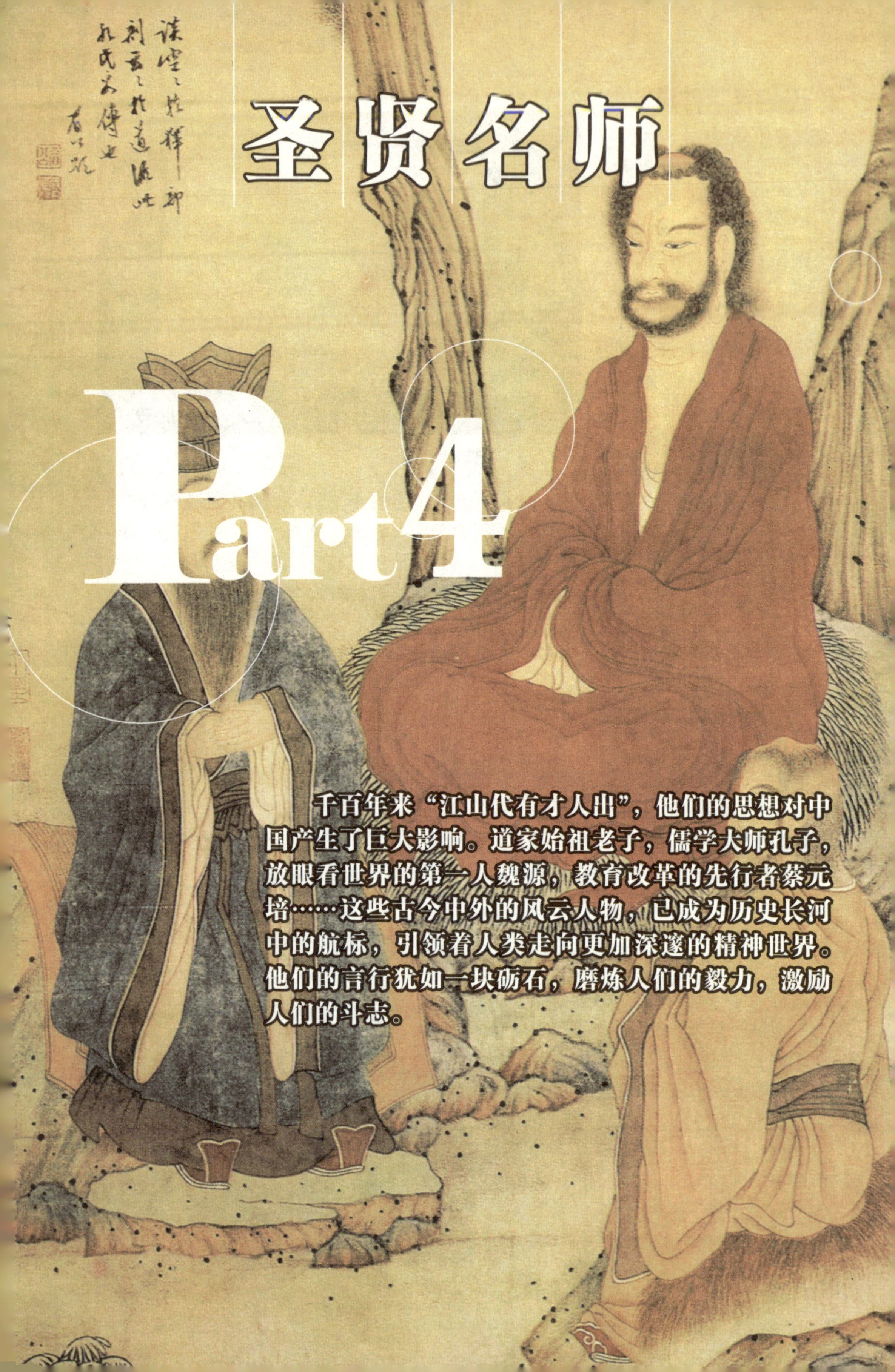

圣贤名师

Part 4

千百年来“江山代有才人出”，他们的思想对中国产生了巨大影响。道家始祖老子，儒学大师孔子，放眼看世界的第一人魏源，教育改革的先行者蔡元培……这些古今中外的风云人物，已成为历史长河中的航标，引领着人类走向更加深邃的精神世界。他们的言行犹如一块砺石，磨炼人们的毅力，激励人们的斗志。

老子……
道家始祖

祸兮，福之所倚；福兮，祸之所伏。

老子（约公元前570~约公元前470），思想家。姓李名耳，字伯阳，又称老聃。道家学派创始人。在道教中，老子是一个很主要的神仙，被称为太上老君。

少年老子

老子的师父生病了，老子去探病，问道："先生的病已经很重了，难道您没有什么话要留给弟子们的吗？"

师父听到老子问起，便说："你就是不问我，我也会要告诉你一些话的。"

老子一听，便挺直腰板，说："愿先生教我。"

师父就说道："我先问你，经过故乡要下车步行，你知道这里面的道理吗？"

老子回答说："我知道。经过故乡要下车步行，不就是说要不忘记过去吗？"

师父听到老子回答，嘻嘻一笑，说："你回答得对。我再问你，经过乔木的下面要快步走，你知道这里面的道理吗？"

老子回答说："经过乔木的下面要快步走，不就是说要敬重年长者吗？"

师父又嘻嘻一笑，说："你又回答对了。"

说着，他将口张开，指着口腔问老子："你看，我的舌头还在吗？"

老子回答说："舌头还在。"

"我的牙齿还在吗？"

老子回答说："牙齿都掉光了，没有了。"

师父便对老子说："你知道其中的道理吗？"

老子突然明白了师父要讲什么，便恭恭敬敬地回答说："我明白了，您要说的就是舌头还在，不就是因为它是柔软的吗？牙齿没有了，不就是因为它刚强的缘故吗？"

师父见老子领悟得如此迅速，非常高兴，对老子说道："你讲得非常对。天下的事理都在这里面了，我再也没有什么可以告诉你的了。"

◀仁颐的《老子授经图》，南京博物院藏。史称老子见周将乱，乘青牛西出函谷关，关令尹喜先见其真气，知真人将过，果见老子，尹喜请其著书，遂得《道德经》五千言。此图正是尹喜拜见老子的场面

孔子……
儒家学派创始人

有朋自远方来，不亦乐乎？

孔子（公元前551~公元前479），名丘，字仲尼，鲁国人。春秋末期伟大的思想家和教育家，儒家学派的创始人。相传有弟子3000，其中贤弟子72人，孔子曾带领弟子周游列国14年。孔子还是一位古文献整理家，曾修《诗》、《书》，定《礼》、《乐》，序《周易》，作《春秋》。孔子的思想及学说对后世产生了极其深远的影响。

身世

孔子的父亲叫叔梁纥（叔梁为字，纥为名），母亲叫颜征在。叔梁纥是当时鲁国的武士，建立过两次战功，曾任陬邑大夫。叔梁纥先娶妻施氏，生9女，无子。又娶妾，生一子，取名伯尼，又称孟皮。孟皮脚有毛病，叔梁纥很不满意，于是又娶颜征在。当时叔梁纥已66岁，颜征在还不到20岁。

公元前551年（鲁襄公二十二年），孔子生于鲁国陬邑昌平乡（今山东曲阜城东南）。因父母曾为生子而祷于尼丘山，故名丘，字仲尼。

周游列国

孔子3岁时父亲去世，母亲带着他搬到曲阜，把他抚养成人。据说他从小很爱学礼节，没什么事儿，就摆上小盆小盘什么的，学着大人祭天祭祖的样子。

孔子青年时，读书很用功。他十分崇拜周朝初年那位制礼作乐的周公，对古礼特别熟悉。当时读书人应当学的“六艺”，也就是礼节、音乐、射箭、驾车、书写、计算，他样样精通。孔子做事认真，最初他当过管理仓库的小吏，物资从来没有缺失；后来又当管理牧业的小吏，牛羊繁殖得很多。不到30岁，名声渐渐大了起来。

有些人愿意拜他做老师，他就索性办了个私塾，收起学生来。鲁国的大夫孟僖子临死时，嘱咐他的两个儿子孟懿子和南宫敬叔到孔子那里去学礼。靠南宫敬叔的推荐，鲁昭公还让孔子到周朝的都城洛邑去考察周朝的礼乐。

孔子35岁时，鲁昭公被鲁国掌权的三家大夫——季孙氏、孟孙氏、叔孙氏逐出鲁国。孔子就到齐国去，求见齐景公，跟齐景公谈了他的政治主张。齐景公待他很客气，想重用他。但是相国晏婴认为孔子的主张不切实际，结果齐景公没重用他。孔子回到鲁国，仍旧教书。到后来跟随孔子学习的学生越来越多。

▲孔子讲学

到了公元前501年，鲁定公派孔子担任中都（今山东汶上县）宰，第二年，担任了司空（管理工程的长官），又从司空调任司寇（管司法的长官）。

▲孔子任鲁国司寇时的画像

公元前500年，齐景公和晏婴想拉拢邻国鲁国和中原诸侯，重震齐桓公当年的霸业，就写信给鲁定公，约他在齐鲁交界的夹谷地方相会。那时候，诸侯间会见时，都必须有个大臣当助手，称做“相礼”。鲁定公决定让鲁国的司寇孔子担任这个“相礼”。

鲁定公把准备到夹谷跟齐国会盟的事告诉了孔子，孔子说：“齐国屡次侵犯我边境，这次约我们会盟，我们也得有兵马防备，希望把左右司马都带去。”

鲁定公同意了孔子的主张，派两员大将带上人马，随同他去夹谷。

在夹谷会议上，由于孔子出任相礼，鲁国取得了外交上的胜利。会后，齐景公决定把从鲁国侵占过来的汶阳（今山东泰安西南）地方的三处土地还给鲁国。

齐国的大夫黎钼认为孔子留在鲁国做官对齐国不利，劝齐景公给鲁定公送一班女乐去。齐景公同意了，就挑选了80名歌女送到鲁国。

鲁定公接受了这班女乐，天天吃喝玩乐，不管国家政事。孔子想劝说他，他却躲着孔子。这件事让孔子感到很失望。孔子的学生说：“鲁君不办正事，咱们走吧！”从那以后，孔子离开鲁国，带着一批学生周游列国，希望找个机会实行他的政治主张。

可是，那个时候，大国都忙于争霸的战争，小国都面临被吞并的危险，整个社会正在发生变革。孔子宣传的一套恢复周朝初年礼乐制度的主张，根本没有人愿意接受。他先后到过卫国、曹国、宋国、郑国、陈国、蔡国、楚国。这些国家的国君都没有任用他。

有一次，孔子在陈、蔡一带，楚昭王派人请他。陈、蔡的大夫怕孔子到了楚国，对他们不利，发兵在半路上把孔子截住。孔子被围困在那里，断了粮，几天都没吃上饭。后来，楚国派兵过来，才给他解了围。

孔子在列国奔波了七八年，碰了许多钉子，年纪也老了。最终，他还是回到鲁国，把精力放到整理古代文化典籍和教育学生上面。

孔子在晚年还整理了几种重要的古代文化典籍，如《诗经》、《尚书》、《春秋》等。

▼清朝焦秉贞所作的《孔子圣迹图》，现藏于美国圣路易斯美术馆。此图孔子方面密髯，俯身拱手，席地而坐，神情恭肃；国王和颜悦色，静坐在孔子对面的红木椅上，作侧耳聆听状。国王身后三五随臣，交头接耳

墨子……
墨家学派创始人

志不强者智不达。

墨子（约公元前 468~ 约公元前 376），姓墨，名翟。战国初期伟大的思想家，墨家学派的创始人。

止楚攻宋

墨子生活在公元前 5 世纪左右，那时中国还是一个由许多诸侯国组成的国家。其中楚国是一个大国，宋国是一个小国。楚国想攻打宋国，便请当时最著名的工匠鲁班来制造攻城器械。

墨子得知这一消息后，连夜赶到楚国国都，拜见了鲁班，希望能够阻止这场战争，让他停止制造器械。鲁班推说攻打宋国的计划是楚王的决定，于是墨子和鲁班去见楚国国王。

见到楚国国王，墨子并没有先说战争。他对国王说："我想请教大王一个问题。"楚王问他是什么问题。

▲墨子故里

墨子说："现在有人放着自己漂亮的车子不要，却想偷邻居的破车；舍弃自己漂亮华贵衣服不要，却想偷邻居的旧衣服，这是怎样一种人啊？"

楚王不知是计，马上说："这人有偷窃的毛病。"

墨子抓住时机，马上说："楚国有广阔的土地，而宋国只是一个小小的国家，这就如同一辆漂亮的车与一辆破车的对比；楚国物产丰富，而宋国物产贫乏，这如同漂亮衣服和旧衣服的对比，所以我认为楚国攻打宋国，跟那个犯了偷窃病的人正是一类人。"

▶研究学术

楚王一下子不知如何回答才好，蛮横地说："你说得好，但是鲁班已经为我造好了云梯，我是一定要攻打宋国的。"

墨子不慌不忙地说："云梯并没有想象的那样厉害，不信我可以与鲁班模拟作战。"

楚王于是为他们准备了道具，包括城墙，守城的器械，云梯及其他攻城的兵器。

鲁班模拟攻打宋国的城墙，结果鲁班采用一种方法攻城，墨子就会使出一种招术来破解：一个用云梯攻城，一个就会用燃着的火箭烧云梯；一个用撞车撞城门，一个就会用滚木雷石砸撞车；一个用地道，一个就会用烟熏……任由鲁班怎样改变攻城的战术，都被墨子抵挡住了，鲁班攻城的器械用完了，墨子守城的方法还绰绰有余。

▲中国邮政发行的墨子纪念邮票

鲁班不甘心失败，对墨子说：“我知道怎么来对付你，但我不说。”

墨子也说：“我也知道如何对付你，我也不说。”

楚王问墨子其中的原因，墨子说：“鲁班的意图，不过是杀了我。他以为杀了我，宋国就没有人来防卫楚国的攻打了。可是，我已经把我的方法教给了我的徒弟，即使杀了我，也不能攻入宋国的城门。”

楚王见大势已去，迫不得已地说：“我决定不攻打宋国了。”

就这样，墨子凭自己的机智和勇敢解除了宋国的一场灾难。

▲战国时期的龙梁提壶

重视教育 见解精辟

墨家学派在当时有重大影响，与儒家同称“显学”。墨子在教育方面提出了许多相当深刻和精辟的见解。

墨子很重视教育，希望用“上说下教”的方法来实现自己的政治主张。他强调发挥人的主动精神，同时十分重视环境的影响与教育的作用。他曾以染丝为例，说明环境和教育的作用：“染于苍则苍，染于黄则黄。所人者变，其色亦变。”所以，“染不可不慎也”。这就是我们常说的“近朱者赤，近墨者黑。”

在教育目的上，墨子主张培养“贤士”。贤士主要品德是“兼爱”。孔子的“仁”强调“爱有差等”，“兼爱”则强调无差别的爱。

在教育内容上，除以“兼爱”为核心的道德教育外，还注意自然科学、生产技能、军事知识和技能、论辩才能的研究和训练。

▲战国铜鉴上的水战刻纹图

孟子……
儒家“亚圣”

天时不如地利，地利不如人和。

孟子（约公元前372~公元前289），战国时期伟大的思想家，儒家的主要代表之一。名轲，邹（今山东邹县）人。世称孟子，被宋明理学家奉为“亚圣”，是儒家中地位仅次于孔丘的代表。曾受业于子思（孔丘之孙孔伋）的门人，并游历宋、滕、魏国。

三迁之教

孟子幼年调皮淘气，后来刻苦求学，终于成为一名儒家学派的大学问家。晚年，他在《孟子题辞》中回忆自己的成长经历时说：“我的成人与‘幼被慈母三迁之教’关系极大。”

孟轲是邹国人，祖辈世代务农，家境非常贫寒。他家住在一个村落的边上，附近是一片坟地。孟轲出于好奇，小时候经常去墓间玩耍，看见人家埋葬死人，他就和一些小朋友学着样子玩抬棺材、挖坑、哭丧的游戏。孟母见此情景很担心，认为这个地方对孩子成长不利，于是下决心搬家。

▶孟母教子

孟家搬到城里的一条街上，附近是集市和商店，商人巨贾云集，一天到晚吆喝声不断。孟轲住在那里后，又和小朋友学着商人玩做买卖的游戏。孟母感到这个地方对孩子的成长也不利，于是再次决定搬家。

孟家第三次住的地方是一个学宫的旁边。到这里来的除一些学生外，还有一些著名的学者。他们出出进进很有礼貌，早晚还会听到朗朗的读书声。孟母高兴地说：“这个地方很好，对孩子的教育有利。”便在这里定居下来。

孟轲住在这里，常到学宫旁看学生游戏，听老师上课、学生朗读，学习来往行人的礼貌动作，孟母看了十分高兴。直到孟轲上学，孟母仍不放松对他进行教育。后来，孟轲终于成为著名学者。

教育活动

孟子一生的大部分时间都在从事教育事业，其经历与孔子相似。他一生聚徒讲学，曾是著名的游士。中年以后20多年期间，曾怀着自己的政治理想带领弟子周游列国，游历宋、滕、魏、齐、梁诸国。

◀文武兼修的大学问家孟子

▲位于开封城内的孟子游梁祠遗址，是为纪念战国时期大学问家孟子到魏国国都大梁游学而建立的。“五十步笑百步”这个家喻户晓的成语，就是在大梁（今开封）孟子说梁惠王时产生的

在齐国的稷下学宫任教期间，被尊为卿，得享相当于上大夫的俸禄，作为著名大师，孟子有时“后车数十乘，从者数百人”，往来于诸侯之间，其车乘之多，随从之众，已大大超过当年孔子周游列国时的规模。虽然孟子得到各国君主礼遇，但其主张终不为当权者所用，始终未被重用。

游说齐王

战国时代，百家争鸣，游说之风，十分盛行。孟子也是当时的一个著名辩士。

孟子对齐王做事没有坚持性、轻信奸佞谗言很不满，便不客气的对他说：“王也太不明智了，天下虽有生命力很强的生物，可是你把它在阳光下晒了1天，又放在阴寒的地方冻了它10天，它哪里还活得成呢？我跟王在一起的时间是很短的，王即使有了一点从善的决心，可是我一离开你，那些奸臣又来哄骗你，你又会听信他们的话，叫我怎么办呢？”

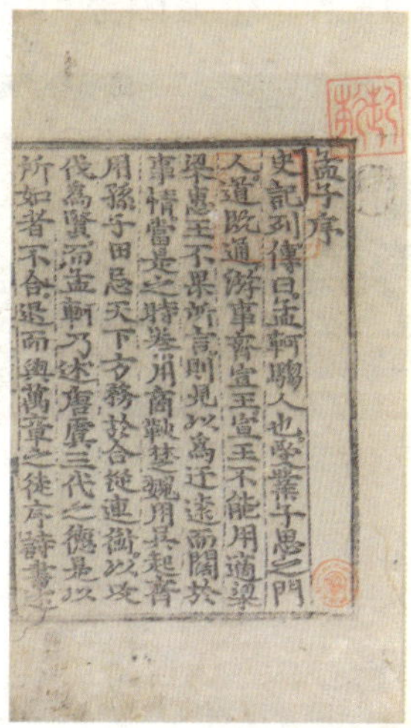

孟子序
史記列傳曰孟軻騶人也受業子思之門
人道既通游事齊宣王宣王不能用適梁
梁惠王不果所言則見以為迂遠而闊於
事情當是之時秦用商鞅楚魏用吳起齊
用孫子田忌天下方務於合從連衡以攻
伐為賢而孟軻乃述唐虞三代之德是以
所如者不合退而與萬章之徒序詩書

◀《孟子》书影

接着，他便打了一个生动的比喻：“下棋看起来是件小事，但假使你不专心致志，也同样学不好，下不赢。奕秋是全国最善下棋的能手，他教了两个徒弟，其中一个专心致志，处处听奕秋的指导；另一个却老是盼着有大天鹅飞来，准备用箭射天鹅。两个徒弟是一个师傅教的，一起学的，然而后者的成绩却差得很远。这不是他们的智力有什么区别，而是专心的程度不一样啊。”

齐王听后面红耳赤，连连点头。

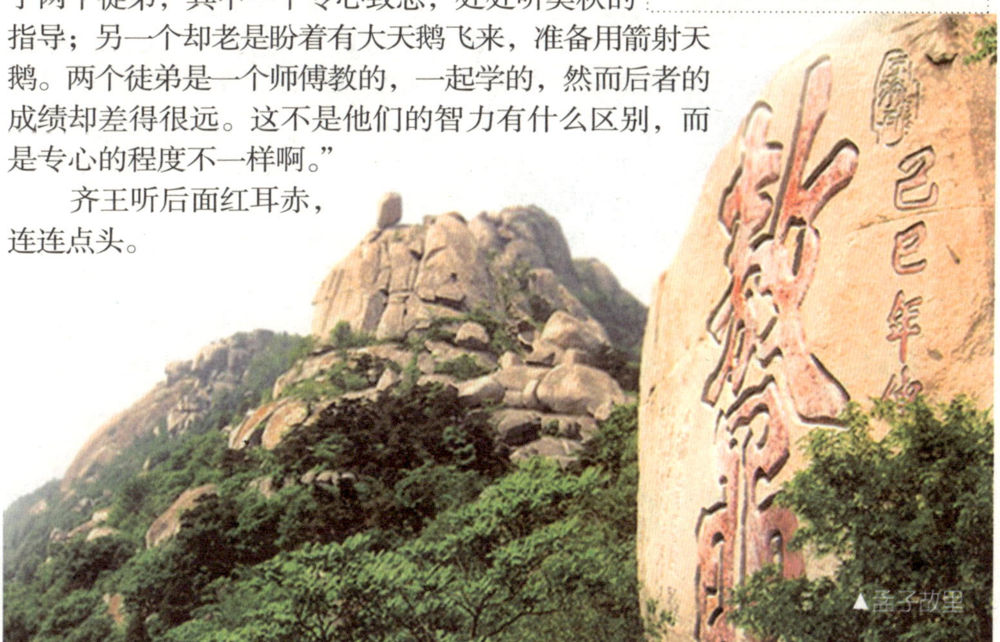

▲孟子故里

庄子……
道家学派集大成的思想家

巧者劳而知者忧，无能者无所求。饱食而遨游，泛若不系之舟，虚而遨游者也。

庄子（约公元前369－公元前286年），名周，战国时期宋国蒙（今安徽蒙城人，另说河南商丘）人。著名思想家、哲学家、文学家，是道家学派的代表人物，老子思想的继承和发展者。后世将他与老子并称为“老庄”。

愤世嫉俗 蔑视权贵

庄子一生穷困潦倒，他并不是没有机会做官，过荣华富贵的生活，而是他不愿做官。

▲庄周梦蝶

庄子的才能闻名遐迩。楚王听说庄子的才干后派了两名使臣带重金去聘他当宰相，庄子对使臣说：“我听说楚国有一种神龟，死了3000年了，它的骨头还被放在宗庙里，用做占卜。你说，它是情愿送了性命留下骨头，让人敬重好啊，还是情愿活在烂泥巴里打滚好呢?”使臣想了想说：“我猜它一定愿意在泥巴里打滚。”庄子欣然一笑：“那么你们回去吧，我和它一样，宁愿在污浊的泥水之中游戏自乐，也不愿为当权者所束缚，我终身不愿做官，请让我的精神得到快乐吧!”

庄子的好朋友惠施经不住富贵的诱惑，去魏国做了宰相，庄子要去看他，有人向惠施挑拨说：“庄子想来代你做相。”惠施很恐慌，在国内搜查了庄子三天三夜。

庄子听说后又气又乐，便主动去见惠施。庄子对他说：“有一只乌鸦，得到了一块腐烂的老鼠肉，乌鸦很高兴，把腐肉当宝贝一般衔着。这时空中有一只巨大的凤凰飞过，乌鸦害怕凤凰抢它的腐肉，便发出“吓”的一声来恐吓凤凰。凤凰见了，嘲笑乌鸦：“我非梧桐不栖，非翠竹不食，非清泉不饮，区区一块腐肉，怎么会去跟你乌鸦争?”

庄子以高洁的凤凰自比，在他看来，宰相之位好比是只腐烂的老鼠，根本不值得一顾。

庄子之所以宁可过着贫苦的生活而不去当官求取富贵，是因为他厌恶虚伪的封建制度，对当时的社会抱有强烈的不满情绪。为了不和当权者同流合污，庄子后来做了隐士，以表明自己愤世嫉俗、痛恨权贵的心志。

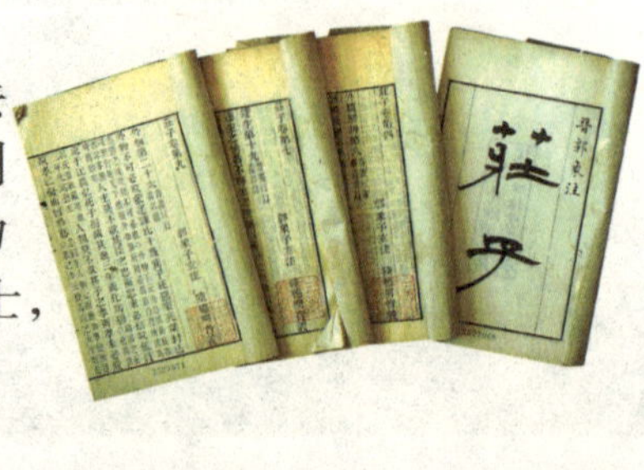

◀《庄子》光绪刊本

韩非……
法家思想的杰出代表

修而惰者贫，而力而俭者富。

韩非（约公元前 280~ 公元前 233），又称韩非子，战国晚期韩国人，中国古代著名思想家。荀子的学生，生活于战国末期，法家的代表人物。韩非是我国法家思想的集大成者。

秦王兴师 30 万只为韩非

公元前 234 年里的一天，秦国的 30 万大军突然直压河南中部，秦、韩两国边境一带战云密布，形势岌岌可危。此时已是战国末年，虽然七雄尚在，但面对养精蓄锐多年的秦国的眈眈虎视与频频蚕食，东方六国无不疲于招架。特别是对力量弱小而又与秦国毗邻的韩国来说，这个被称为“虎狼之国”的邻居的每一次“拜访”都意味着亡国的危险。秦军一压境，韩国朝野上下便惊恐万分。

此时，刚刚即位 5 年的韩王安，大概是目睹了太多父亲桓惠王被秦军所败丧师失地的事实，即位后对与秦国打交道一直谨小慎微，他把王公大臣们召集到大殿之上，讨论如何退敌，一时间众人垂头丧气，无以为计。韩王安正要骂嬴政狼子野心，朝官忽报秦国使者到。

▲秦昭版铭文

使者开门见山，说：“秦国与韩国世为睦邻，兵戎相见实为不忍。要使秦军退兵也不难，只要贵国一人到秦国走一趟。”韩王忙说：“区区小事何劳秦师远行，究竟敝国什么人触怒了秦王，寡人自当缚其入秦。”

使者摇摇头说：“我们大王可不是要拿他问罪，而是邀他做秦国的座上宾。请问贵国公子韩非可在？”

韩非？韩王与群臣你看看我，我看看你，都很吃惊。韩王安急忙命令朝官去找韩非。韩非因一直得不到韩王重用，赋闲在家。于是他跟朝官来到大殿，见过了秦国使者，韩非才明白，真正想见自己的不是韩王，而是秦王。

原来秦王为确保万无一失，才不惜劳动 30 万大军跋涉百里到中原造势。数日后，韩非即作为韩国的使者奔赴咸阳秦宫，30 万秦军也班师回营。韩国的一场亡国危机，就这样暂时化解了。

▲战国时秦国的玉印

屈原……
中国文学史上第一位伟大的诗人

尺有所短；寸有所长。物有所不足；智有所不明。

屈原（公元前340~公元前278），战国时期楚国人，是我国历史上伟大的爱国诗人。创造了一种新的诗歌形式，对诗歌的创作产生了深远的影响。他一生忧国忧民，不屈服恶势力。当看到自己的政治主张不能被昏庸的楚怀王所接受，而强大的秦军又终于打败楚国时，他满怀悲愤地于汨罗江投江自尽，终年62岁。

政治理想

屈原一生共经历了楚威王、楚怀王、楚顷襄王三个时期，主要活动于楚怀王时。

战国时，秦、韩、赵、魏、楚、燕、齐七国连年混战，其中以秦国最为强大。这正是中国即将实现大一统的前夕，局势十分微妙。屈原因出身贵族，又明于治乱，娴于辞令，所以很受楚怀王的宠信，官至左徒。屈原对内积极辅佐怀王变法图强；对外则亲自到各国去联络，坚决主张抗秦。经过努力，屈原的外交成功了。怀王十一年，韩、赵、魏、楚、燕、齐六国结成联盟，怀王成了联盟的领袖。联盟的力量，制止了强秦的扩张。楚国一度国富兵强、威震诸侯。

怀王更加重用屈原，但也因此，招致了以公子子兰为首的一班楚国贵族对屈原的嫉妒。他们常在怀王面前说屈原的坏话，使怀王对屈原渐渐不满起来。

秦王一直碍于六国联盟而无法扩张势力，听到这个消息后，忙请张仪来商议。张仪献计离间齐、楚两国，打散六国联盟。

秦王依计准备了金银财宝，交给张仪，张仪向楚国进发。张仪来到郢都，立刻以金银财宝和楚国的贵族连成一气。公子子兰引他拜见了怀王最宠爱的王后郑袖。张仪献给了郑袖一双价值万金的白璧，郑袖很高兴，答应帮助他们促成秦、楚联盟。

张仪又托子兰将他引见给怀王。见到怀王后，他劝怀王绝齐联秦，列举了很多好处，还许诺给怀王商于地区的六百里土地。怀王听说不费一兵一卒，白得六百里土地，高兴极了。再加上郑袖的怂恿，第二天怀王便设宴招待张仪。屈原猛烈反对与秦的联合，惹怒了怀王。此后一直不再召见他。

怀王与齐国断交后，六国联盟散了。怀王派人跟张仪到秦国去接收他曾许诺过的土地，

▲位于屈原故里秭归的屈原塑像

却被张仪推得一干二净。怀王气昏了，他派了10万大军进攻秦国。秦王索性联合了齐国攻打楚军。楚军连连失利，秦兵占领了楚的汉中。

▲在端午节这一天，人们将粽子投入江中喂鱼虾，希望它们不要伤害屈原的身体

怀王命令屈原出使齐国，希望能恢复联盟。屈原立即出发去齐，但对于怀王的违背联盟，齐国十分愤恨，最终只答应撤回助秦攻楚的齐兵。

秦、楚议和后，子兰等人又向怀王进谗言，怀王下旨任屈原为三闾大夫，离开郢都赴任。从怀王二十七年起，秦国连连对楚国发动战争。怀王三十年，秦国用计囚禁了怀王。郑袖立太子熊横为顷襄王，自己掌握国政，任命子兰管理全国军政。屈原赶到郢都，要求顷襄王恢复六国联盟，向秦国讨回怀王。子兰等人立刻驱逐屈原出郢都。

顷襄王三年时怀王死了，屈原要求顷襄王联络各国一同对付秦国，顷襄王不听。郑袖叫顷襄王革掉了屈原的三闾大夫职位，流放到江南去。

屈原到了流放的陵阳地方，日夜心烦意乱。爱国的火焰在他心里燃烧，可自己又无能为力。满腹的忧愁愤恨都写成了诗篇。

顷襄王二十一年（公元前278年），秦将白起占领郢都，楚国亡了！屈原闻讯昏昏沉沉地来到了汨罗江边，他在江边徘徊着，最终悲愤难捱，抱起江边的石头跳入了江中，以身殉了自己的政治理想。

屈原与端午节

爱国诗人屈原死后，楚国人民听到了这个消息，纷纷赶到江边，想找寻屈原，可是一直都打捞不到他的尸体。为了不让水中的鱼虾把屈原的身体吃掉，他们就在江上划着龙舟、敲锣打鼓，希望能将鱼虾赶跑；还用粽叶包上米饭，做成粽子，投江喂给鱼虾吃，希望屈原的身体不要受到伤害。

▲每年在屈原投江的这一天，也就是端午节，人们都会举行盛大的赛龙舟活动

屈原投汨罗江这一天，正好是农历的五月初五，本是欢庆丰收的日子。大家为了怀念这位伟大的爱国诗人，就在每年的农历五月初五这一天，举行划龙船、包粽子的活动。百姓们还会挂昌蒲剑，喝雄黄酒，预防邪气的侵害。形成了现在的端午节。

魏源……
睁眼看世界之第一人

师夷之长技以制夷。

魏源（1794~1857），字默深，湖南隆回金潭人，是中国近代一位杰出的爱国主义思想家、文学家、史学家和经学大师。后人评他“生前有学名、有政绩”，“死后遗泽人间，博大精深”，是我国第一批“睁眼看世界”的人中最优秀的代表人物。

9岁应对

魏源是清代著名思想家和史学家。

他9岁时去参加湖南邵阳县的童子试。当地县令指着茶杯上画着的太极图，出了个上联让他来对：

杯中含太极

▶矗立在魏源家乡的雕像

“太极”是我国古代的一种哲学理论，认为太极是产生世界万物的本原。“太极图”是根据这种理论画的一种示意图，由两个一黑一白对称的鱼形相对组成的一个圆形图像。这种理论很深奥，对中国思想界影响很大。

这时，魏源怀里正揣着两块充饥的烧饼。他摸了摸怀里的烧饼，对出了下联：

腹内孕乾坤

县令听了，十分惊讶，问他：

“你说说什么叫‘乾坤’呀？”魏源拿出烧饼来说：“天地叫做乾坤，这烧饼一块像天，一块像地，我把它们吃下去，心里就要想着天地间的大事。”

县令和周围的人听了，连连点头，称赞他人小志气大。

“师夷之长技以制夷”

魏源的思想与传统的那些文人官僚不同，他研究“经世致用”的学问，积极寻求改革图强之路。鸦片战争期间，他亲眼看到英国侵略者用洋枪洋炮打开中国大门，也亲眼看到清政府的腐败无能、闭关自守。1846年，他编成《海国图志》100卷。《海国图志》是他以林则徐主持编写的《四洲志》为基础编写的，这本书是近代第一部由中国人编的介绍世界各国国情的著作，其中包括了政治、经济、军事、历史、地理、文化等方面。他主张创办军事工业，学习制造新式武器，最终制服列强，这就是著名的“师夷之长技以制夷”的思想。后来这本书传到日本，成为日本明治维新的重要参考资料。

蔡元培……
教育改革的先行者

读书不忘救国，救国不忘读书

蔡元培（1868~1940），字鹤卿，号孑民，浙江绍兴人，是我国近现代著名的民主革命家、教育家、科学家。

教育主张

“思想自由”、“兼容并包”，是蔡元培任北京大学校长时提出的办学方针。他认为大学的性质在于研究高深学问。大学是“囊括大典，网罗众家”的学府，应该广集人才，容纳各种学术和思想流派，让其互相争鸣，自由发展。墨守成规，抱残守缺，持一孔之见，守一家之言，实行思想专制，是不可能使学术得到发展的。

他说：“对于学说，仿世界各大学通例，循‘思想自由’原则，取兼容并包主义。”“无论何种学派，苟其言之成理，持之有故，尚不达自然淘汰之命运者，虽彼此相反，而悉听其自由发展。”“对于教员，以学诣为主”。

他要求学生要“以研究学术为天职”，“砥砺德行”，“敬爱师友”；鼓励学生兼听不同学派的课，进行独立评判，并大力支持学生成立各种学会和研究会，培养学生自由思考和独立研究学术的能力。

蔡元培主张学与术分校，文与理通科。他认为学与术，既有联系，又有区别。学为学理，术为应用，学必借术以应用，术必以学为基本，两者并进 始可。但学与术虽关系密切，而习之者旨趣不同，所以治学者可谓之“大学”，治术者可谓之“高等专门学校”。至于文理资料，互有交错，治学者不可局守一门，应当沟通各科界限。在这一思想指导下，他把北京大学工科并入北洋大学，取消文理各科界限，并且改“学年制”为“选科制”，使学生能“专精之余，旁及种种有关系之学理”。蔡元培还提出“教育独立”的主张。

他认为，“教育是帮助被教育的人，给他能发展自己的能力，完成他的人格，于人类文化上能尽一分子的责任；不是把被教育的人，造成一种特别器具，给抱有他种目的的人去应用的。所以，教育事业当完全交与教育家，保有独立的资格，毫不受各派政党或各派教会的影响。即教育事业应超然于各派政党 或各派教会以外。”

蔡元培的教育主张，能根据本国需要，兼采各国所长，“食而化之”。这在当时的历史条件下，对中国教育的发展，特别是高等教育的革新，起了推动作用。

▲位于北京市东城区东堂胡同的蔡元培先生故居

陶行知……
务实的人民教育家

人生天地间，各自有禀赋。为一大事来，做一大事去。

陶行知（1891~1946），是中国伟大的人民教育家。生于安徽歙县。原名文睿，受王阳明“知行合一”哲学思想的影响，曾用名知行，是我国伟大的教育家、思想家。提出了“生活即教育”、“社会即学校”、“教学做合一”三大主张。生活教育理论是陶行知教育思想的理论核心。陶行知的教育思想已经成为建立中国特色的教育科学理论体系的重要基础之一。

创办学校

陶行知是我国近代人民教育家。他把毕生精力都投入到“教育”中来。

1923年，他组织了平民教育促进会，奔波于全国十几个省市，致力于平民教育。他把《平民千字课》作为教材，送到平民百姓家里，劝家家户户都要识字读书。他活动的经费多数都是自己平日写书得的稿费。

一次，他得到了1万多元稿费，拿回家锁在柜子里。承担着所有家务的妹妹看见了，问他：“家里有老有小，钱也不多，能不能留1/4给家里用？”陶行知想了想，温和地说：“我要去南京劳山脚下办晓庄师范，这钱要作为办学的经费。我们家虽穷，粗茶淡饭还能维持。中国34000万农民非但没有饭吃，更没有文化。用这钱去办学校，是尽我们的绵薄之力去帮助他们。你在家里省着点用，算是帮我去办大事吧！”妹妹理解了他，默默地点了点头。

1927年，陶行知办起了晓庄师范学校，开展乡村教育活动。

拜人民为老师

早在办晓庄师范学校的时候，陶行知就提出了“生活即教育”、“社会即学校”和“教学做合一”等理论，教导师生们与劳动人民相结合，“教人民进步者，拜人民为老师”。

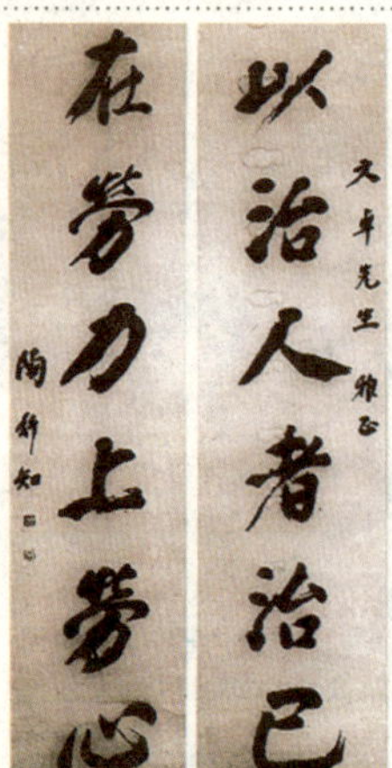

▶陶行知所书六言对联

一位朋友的夫人来看陶行知，说起她的孩子把一块新买的金表拆坏了，她非常生气，狠狠地揍了孩子一顿。陶行知听了，连连摇头说：“哎呀，你打掉了一个‘爱迪生’。”

接着，他讲了美国发明家爱迪生小时候喜欢做实验，被学校开除以后，在他母亲的引导下，逐渐成为发明家的故事。

他又亲自到朋友家里，带那个小孩到修表店去看师傅修表。

他们站在修表师傅身边，看着他把表拆开，把零件一个个浸在药水里，又看着他一个个装起来，再给机器加上油，用了一个多小时，花了一元六角钱修理费。

▲这是陶行知先生曾经用过的笔、砚

陶行知深有感触地说："钟表店是学校，修表师傅是老师，一元六角钱是学费，在钟表店看一个多小时是上课，自己拆了装，装了拆是实践。做父母的与其让孩子挨打，还不如付出一点学费，花一点工夫，培养孩子好问、好动的兴趣。这样，'爱迪生'才不会被打跑、赶走。"

陶行知身为高等学府的教授、全国著名的教育家，却没有一点架子，时时注意拜普通的劳动人民为老师，他是我国千百万教师的楷模。

劝喻轻生者

教育家陶行知先生曾在劳山脚下创办晓庄师范学校，那儿离燕子矶不远。

有一天，他听到人们在纷纷谈论，燕子矶下又浮起了一具女尸，并且是个学生。他极感不安，立即到学校木工场找来两块木牌，在上面写了几句话劝喻轻生者，并把它立在矶头上。一块牌上写"想一想"三个大字，下边写了几行小字："人生为一大事来，当做一件大事去。你年富力强，有国当救，有民当爱，岂可轻生？"另一块牌上则写"死不得"三个大字，下写："死有重于泰山，或有轻于鸿毛，与其投江而死，何不如从事乡村教育为中国三万万四千万同胞努力而死！"

▲这扇面上有陶行知先生亲笔题的诗："民之所好好之，民之所恶恶之，教人民进步者，拜人民为老师。"

陶行知先生有个朋友辛甫在燕子矶旁边开了一家小小的茶酒馆。竖立木牌后，陶行知就请他暗中留意，一是酒不要多出卖，最多卖一两，以免喝醉了更加悲从中来；二是看见有人在矶头徘徊不去，就赶快上前劝说。此后，不少来到这里打算自杀的人，看了木牌，听了劝说，终于停下投江的脚步。

▲位于安徽徽州歙县的陶行知纪念馆

文坛巨擘

Part 5

纵观古今文坛巨擘大家，哪一位不是造诣精深，集大成者。他们有诗仙、诗圣、新乐府运动的倡导者、婉约派女词人，他们为我们带来了无数文笔优美的佳篇，有垂范千古的一代宗师，有杰出的人民艺术家，天才的浪漫主义诗人，文学斗士，博学多才的文学大师，他们极大的丰富了中华五千年的灿烂文化，在文学历史上占有不朽的要位。

司马迁……
垂范千古的一代宗师

常思奋不顾身，而殉国家之急。

司马迁（约公元前145~?），字子长，左冯翊夏阳（今陕西韩城）人。西汉史学家、文学家、思想家。

世代史官

司马迁的祖上好几辈都担任史官，父亲司马谈是汉朝的太史令。司马迁10岁时就跟随父亲来到长安，开始学习古文书传。约在汉武帝元光、元朔年间，向今文家董仲舒学《公羊春秋》，又向古文家孔安国学《古文尚书》。20岁时，从京师长安南下漫游，足迹遍及江淮流域和中原地区，所到之处考察风俗，采集传说。不久仕为郎中，成为汉武帝的侍卫和扈从，多次随驾西巡，曾出使巴蜀。

隐忍著书

元封三年（公元前108年），司马迁继承其父司马谈之职，任太史令，掌管天文历法及皇家图籍，因而得读史官所藏图书。

太初元年（公元前104年），司马迁与唐都、落下闳等共订《太初历》，以代替由秦沿袭下来的《颛顼历》，新历适应了当时社会的需要。此后，司马迁开始撰写《史记》。后因替投降匈奴的李陵辩护，获罪下狱，受腐刑。

出狱后司马迁任中书令，继续发愤著书，终于完成了《史记》的撰写。这是中国第一部纪传体通史，对后世史学影响深远。《史记》语言生动，形象鲜明，也是优秀的文学作品。鲁迅称赞其为“史家之绝唱，无韵之离骚”。

司马迁还撰有《报任安书》，记述了他下狱受刑的经过和著书的抱负，历代传颂。

▲博物馆里的太史公司马迁蜡像

▲司马迁祠

▲1958年春，郭沫若为司马迁祠题诗，并铭刻新立石碑上，诗云：龙门有灵秀，钟毓人中龙。学识空前富，文章旷代雄。怜才膺斧钺，吐气作霓虹。功业追尼父，千秋太史公。

李白……
“诗仙”

大鹏一日同风起，扶摇直上九万里。

李白（701~762），唐代诗人。字太白，号青莲居士。绵州昌隆（今四川江油）人。李白是唐代伟大的浪漫主义诗人，在我国历史上，被称为诗仙。其诗风豪放飘逸，想象丰富，语言流转自然，音律和谐多变。他善于从民歌、神话中汲取营养素材，构成其特有的瑰丽绚烂的色彩，是屈原以来积极浪漫主义诗歌的新高峰，与杜甫并称“李杜”，是华夏史上最伟大的诗人。

铁杵磨成针

李白的进取精神特别强，为了使自己成为一个有学问的人，他下了很大决心，同一位好友住到成都附近的青城山去，专心攻读，博览群书，钻研诗文书法。他在青城山，一连苦读了好几个年头，都不曾进城去闲逛一次。

但是，少年时的李白在学业上也不是没有发生过动摇。他在四川眉州象耳山读书的时候，一度对学习的艰苦和紧张适应不了，曾想中途放弃学业，做一个自由自在、恣意飘游的浪子。

▶人们为纪念李白而建的纪念馆

一天，他决心离开象耳山，正走到山下小河边时，遇见一位头发花白姓武的老大娘蹲在河边磨铁杵。李白非常奇怪，走上前去问大娘在做什么。武大娘指着铁杵说：“我要把它磨成针。”李白以为老大娘在拿他开心，不相信老大娘的话，问道：“这么粗的一根铁杵，能把它磨成针吗？”老大娘意味深长地对李白说：“只要功夫深，铁杵磨成针。”李白听了不觉一怔，顿时感慨万分，独自一人在河边沉思良久，从中得到极大启发。于是，他又坚定地往山里走去，决心继续归山终业。从此，“铁杵磨成针”成了李白的座右铭。

李白沉香亭咏牡丹

李白的沉香亭咏牡丹的名句，千百年来一直为人们所传诵。说的是一天唐玄宗与杨贵在沉香亭观赏牡丹，歌手李龟年领着一班子弟奏乐歌唱。唐玄宗对李龟年说：“赏名花，对艳妃，你们怎么演唱旧词？这样吧，你快召李白来写新词。”

▲少年李白

▲苏六朋的《太白醉酒图》，上海博物馆藏。此图写李白醉酒于唐玄宗宫殿之内，由内侍二人搀扶侍候的情景。李白身穿白色朝袍，朱色靴、带，色调鲜明；内侍的服饰作皂帽、青杂色衣履，色调灰暗。以服装色彩明暗度的不同，烘托出李白高昂尊贵的气势

李龟年赶到长安大街有名的酒楼寻觅，果然李白正和几个文人畅饮，已经喝得酩酊大醉。当李龟年向他传达圣旨时，他醉眼微睁，半理不睬地睡过去了。

圣旨是误不得的，李龟年只好叫随从把李白拖到马上，到了宫门前，又用几人左扶右持，推到唐玄宗面前。唐玄宗见李白烂醉如泥，便叫侍臣搀到玉床休息，吩咐端来醒酒汤，杨贵妃叫人用冷水喷面解酒。李白把脚伸向高力士，要他脱靴。高力士无奈，只好憋着一肚子气蹲下来为他脱。忙乱一阵，李白才从醉梦中惊醒。唐玄宗叫他快作诗助兴，李白微微一笑，拿起笔来，不到一炷香工夫，已经写成了《清平调》词三首：

（一）

云想衣裳花想容，春风拂槛露华浓。
若非群玉山头见，会向瑶台月下逢。

（二）

一枝红艳露凝香，
云雨巫山枉断肠。
借问汉宫谁得似？
可怜飞燕倚新妆。

（三）

名花倾国两相欢，
长得君王带笑看。
解释春风无限恨，
沉香亭北倚阑干。

这三首诗，把牡丹和杨贵妃交互在一起写，花即人，人即花，人面花光浑融一片，同蒙帝恩。从结构上看，第一首从空间写，引入月宫阆苑。第二首从时间写，引入楚襄王阳台，汉成帝宫廷。第三首归到现实，点明唐宫中的沉香亭北。以第一首春风与第三首春风，遥相呼应。

古人对李白的这三首《清平调》好评如潮，称其为“语语浓艳，字字葩流”，清人沈德潜也说：“（《清平调》）三章合花与人言之，风流旖旎，绝世丰神。”三首诗，时而写花，时而写人，言在此而意在彼，语似浅而寓意深，无怪乎深受唐玄宗和杨贵妃的喜爱。

▲苏六朋的《清平调图》，广州美术馆藏。此画绘唐天宝年间，唐玄宗召李白作“清平调”的故事。画面构图完整，有开合之意，人物呼应紧凑。神态自然，各具表情，令人感到有“名花倾国两相欢，常得君王带笑看”之情景

杜甫……
“诗圣”

安得广厦千万间，大庇天下寒士俱欢颜。

杜甫（712~770），字子美，盛唐大诗人。原籍湖北襄阳，生于河南巩县。初唐诗人杜审言之孙。唐肃宗时，官左拾遗。后入蜀，友人严武推荐他做剑南节度府参谋，加检校工部员外郎。故后世又称他杜拾遗、杜工部。

诗坛佳话

杜甫20岁那年，也和李白一样，去周游祖国各地。他离开洛阳，沿着运河，过了长江。秀美的江南风光，丰富的文物古迹，开阔了杜甫的眼界。然后，他回到洛阳又北上，游览了齐赵大平原，登上了泰山。这两次漫游是杜甫一生中最如意的事。

有一年夏天，杜甫在洛阳会见了他慕名已久的大诗人李白。两个人志趣相投，一见如故，很快成为非常要好的朋友。

当时，李白受到权贵的排挤，刚离开长安，但“谪仙”的名声已经传遍全国；而杜甫在诗坛才刚初露头角。虽然两人年龄相差很大，可是他们彼此都很敬重对方。

杜甫拿自己的诗给李白看，向他请教。李白读了《望岳》以后，赞赏地说：“子美，你这首诗气魄不小，尤其‘会当凌绝顶，一览众山小’两句，发人深省，不同凡响！”“还是太白兄诗写得有气势啊！”杜甫谦虚地说。

不久，李白到梁国（在今河南开封）、宋州（在今河南商丘）一带去了。随后，杜甫也如约赶到那里。秋天，他们同另一位诗人高适相遇，于是三人一起寻访古迹，谈论时事，打猎游玩。

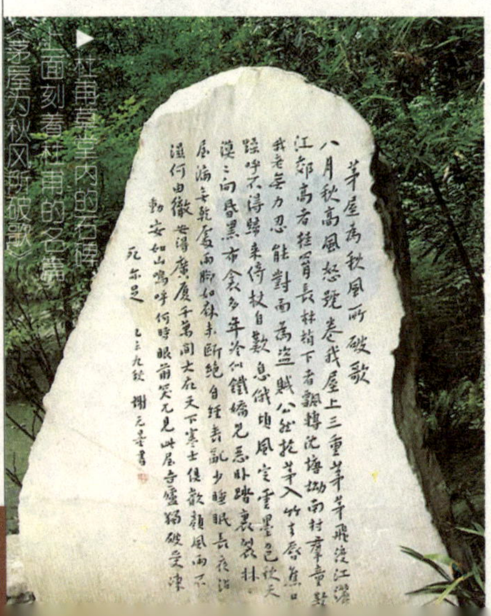

▶杜甫草堂内的石碑上面刻着杜甫的名篇《茅屋为秋风所破歌》

过了几天，高适到南方去了。杜甫和李白到了齐州（在今山东济南），随后又先后来到兖州。白天他们一起登临名胜，拜访隐士；晚上畅谈痛饮，谈诗论文，喝醉酒就共被酣睡，亲密得像兄弟一样。因此，杜甫用“醉眠秋共被，携手日同行”的诗句来形容他们的这段交往。李白也用“思君若汶水，浩荡寄南征”来表示自己对杜甫的思念之情，就像那浩浩荡荡的汶水奔流不止。这两位伟大诗人的友谊一直传为我国诗坛上的佳话。

▼万邦治的《醉饮图》，广东省博物馆藏。杜甫有《饮中八仙歌》，所咏者皆为当时豪饮名流，即贺知章、李进、李适之、李白、崔宗之、苏晋、张旭、焦遂八人。该卷就是根据杜甫的诗意而作的。在流泉旁、林荫下，画八位高人醉饮之态；两个侍童一在倒酒，一在扶持醉者。地上散置着琴棋书画、葫芦酒罐，似乎始而论艺，进而痛饮，直至坐卧醉眠。兴未酣者仍举杯劝酒，不胜酒力者避而摆手，人物各具醉姿，形态生动

困居长安

杜甫35岁的时候来到长安。他想谋取一个官职，好实现自己改变世风、救济百姓的政治抱负。可这时候的唐王朝已经越来越腐败。唐玄宗贪图享乐，李林甫等奸臣当道，一些正直的贤能之士都得不到重用。杜甫在长安待了10年，不仅得不到一个职位，连生活也成了问题。

为了糊口，杜甫不得不低声下气地到王侯贵族府上周旋，以便从那里得到一点施舍和帮助；有时候就到山野去采药或在屋前种些草药，拿到集市上去卖钱。官场上的失意和生活的穷困，使杜甫认识到社会的不公平。他开始关心人民的疾苦，思想感情发生了变化。

这一天，杜甫到郊外去采药，来到咸阳桥，远远就听见一片震天的哭声，近前一看，只见一队队新兵腰挂弓箭战刀，向远方走去。他们的父母妻子前来送行，正在牵衣顿足，拦路痛哭。哭声和车轮滚动声、马嘶声响成一片，那情景真是凄惨极了。

“你们上哪里去啊？”杜甫问一个头发花白的老兵。

“上边疆打仗啊！”老兵回答。

“您这么大年纪了，怎么还叫您去呢？”

“唉，”老兵叹了口气说，“征兵征到我，没法子啊！听人说，有的十四五岁就被抓去当兵，到了40多岁才能回来。我这一去，怕连老骨头都要葬在边疆了。家里还有几亩薄田，丢给老伴，哪能种好！租税却一个也不给减少，唉，没法活啊！”说着，老兵流下泪来。

听了老兵的话，杜甫的两眼湿润了，心中充满了悲愤。当晚，他写下了名诗《兵车行》。在这首诗中，杜甫用生动的语言反映了百姓们的呼声，诉说了战乱给人民带来的痛苦。这是杜甫第一首为人民说话的诗。

▲《莲塘纳凉图》系杜甫五律《陪诸贵公子丈八沟携妓纳凉晚际遇雨》二首之一的诗意

苏轼……

八斗文才

大勇若怯，大智若愚。

苏轼（1037~1101），字子瞻，又字和仲，号“东坡居士”，眉州眉山（即今四川眉州）人，是宋代著名的文学家、书画家。他与他的父亲苏洵、弟弟苏辙皆为文学名家，世称“三苏”。他是有名的唐宋八大家之一，同时还是宋代四大书法家（苏、黄、米、蔡）之一。

父子名噪京师

苏轼出生在一个富有教养的家庭，父亲苏洵是著名的散文家，母亲程氏秀外慧中、知书达理。少年苏轼在父母的培育下，勤奋好学，博通经史。他成长在一个各种社会矛盾渐趋尖锐的时代。这时代一方面号称“百年无事”，经济、文化都有相当的发展；另一方面又是既有辽、夏入侵的外患，又有豪强兼并、人民困苦不堪的内忧。社会危机四伏，积贫积弱的形势日益严重，改革的呼声，在士大夫阶层中渐次高涨。

苏轼在这样的家庭与社会气氛的熏陶下，受儒家经世济民思想的影响，早年即立下用世之志，以身许国，并主张针对现实中的种种弊端进行改革。他21岁随父入京参加进士考试，得主考官欧阳修的赏识，与弟苏辙同科及第。其父苏洵也深受重视，父子三人，一时名噪京师。

仕途失意

苏轼出京做地方官，勤政爱民，尽心职守。八九年的时间，他辗转迁徙，但每到一地都兴修水利，赈济灾民，减免租税，体察民间疾苦。当时正是北宋改革呼声日益高涨的时代，当王安石推行新法时，因“托事以讽”写了一些与新法有关的诗文，被卷入上层政治冲突中，于是在湖州任上被突然逮捕送交御史台论罪。从元丰二年7月被押，到11月释放，苏轼在狱中倍受诟辱，几置死地，幸得多方营救，才得贬出。这就是有名的“乌台诗案”。

苏轼出狱后，被贬为黄州团练副使，但不得签押公事，近于流放。他因经济困难，申请城东坡荒地，躬耕求食，自号东坡居士。但他仍继续关心国家政局，因壮志难酬而苦闷。

画白团扇救人

苏轼被贬杭州做官时，一天，有一位绫绢商人上堂起诉，状告一个制扇工匠欠他两万绫绢钱迟迟不还。

苏轼派公差传唤制扇人到公堂受审。制扇人跪禀道：我家世代以制扇为业，前不久父亲死了，今年开春以来，杭州地面连日阴雨，天气寒冷，没有人买扇子，我一时拿不出钱来还账，不是故意拖欠不还。

苏轼听后觉得制扇人值得同情，于是感到此案很难处理，想了半天才想出办法。对卖扇人说：快把你家的扇子取来，我帮你卖出去。那人忙回家把扇子抱来，苏轼挑选了20把白团夹绢扇，顺手拿起判状子的毛笔，在扇面上以行草书题字，画枯木竹石，一会儿就完成了。然后交给制扇人说，赶快拿到衙门口外面去卖，换了钱立刻还人家。制扇人接过扇子叩头谢恩，刚出府门就被买扇人围了起来，你争我抢，20把扇子很快就卖光了，卖得的钱正好够还账。

苏轼此举，使很多杭州人感动得落了泪，夸赞郡守苏轼为官清正。制扇人全家更是感激涕零。

黄州东坡肉

苏轼不仅在诗文、书法、绘画上造诣很深，而且对医学、考古、水利等诸方面均有独到见解，并对膳食、烹饪也颇有研究，是一位著名的烹饪学家和美食家。以其别号东坡命名的菜点很多，其中尤以名肴“东坡肉”的传说最为广泛，并以其不凡的来历，响誉古今。

北宋元丰二年十二月（公元1080年初），苏轼因“乌台诗案”受挫，被贬至黄州任团练副使。由于贬职，每月薪俸不多，生活很窘迫。后经老友马正卿为他请得黄州城东旧时营防废地数十亩，让他在那里亲自带人开垦耕种。第二年冬天，苏轼即乔居黄州坡躬耕，在荒地树林里筑起了一间草房，并在房壁上绘上雪景，名曰“东坡雪堂”，因而自号“东坡居士”。在这里，苏轼除常与人赋诗下棋外，闲暇时便研究起烹饪技术，还亲自烹制各式菜肴。经常与友人一起吟诗喝酒，借以发泄政治上的失意苦闷。

驰名全国的“东坡肉”，这一楚乡湖北特有的传统名菜，素为人们所熟知，它是由苏轼亲手制作始创于黄州。后来，随着苏轼的升迁，此菜传遍大江南北，曾相继被介绍流传于苏、杭等地，并受到人民的崇高赞誉。盛而不衰的“东坡肉”，流传至今。

成就倍出

苏轼博学多才，是著名的散文家，为唐宋八大家之一，这是指他的散文成就。在散文方面，他特别重视“以意为主”。他的散文如行云流水。语言上骈散交杂，长短错落；最著名的代表作有《前赤壁赋》、《后赤壁赋》。

▲《苏轼回翰林院图》（局部）。图中主要位置是苏轼，一左一右两位侍从手持莲花灯，莲花灯亦安排在画面的醒目位置。苏轼在侍从的簇拥下缓步回宫，但仍恋恋不舍地向后回顾

苏轼是著名诗人，他同宋代著名诗人黄庭坚并称为“苏黄”；苏轼为杰出的词人，开辟了豪放词风，他同杰出词人辛弃疾并称为“苏辛”，对后世产生了深远影响；苏轼是著名的书法家，他同黄庭坚、米芾、蔡襄并称“宋四家”；苏轼还是著名的画家。

总之，苏轼以其突出的创作成就成为北宋文学的集大成者。

李清照……
婉约派女词人

生当做人杰，死亦为鬼雄，至今思项羽，不肯过江东。

李清照（1084～约1151），号易安居士，南宋著名女词人，也是中国文学史上最负盛名的一位女才子。她的词在艺术上独树一帜，因此成为宋词婉约派的代表人物之一。

书香世家

李清照出生在书香世家，他的父亲是一个典型的学者，母亲知书能文，李清照出世后，母亲把全部心思都放在了对李清照的教育上。

李清照天资聪颖，认字很快，习字之余，母亲常常给她讲一些古书上的事情，她听得津津有味，还常常刨根问底，不弄明白绝不罢休。

李清照的父亲与当时第一流的文学家往来甚密，如黄庭坚、秦观等。当她随着母亲来到京城找父亲时，听到这些文学家谈古论今，吟诗作文，神往不已。

李清照的出色诗文经常被父亲拿给朋友们看，大家非常赞叹，以后再谈论的时候，便常把李清照叫来。在大家的赞扬和鼓励下，李清照对文学创作的兴趣更加浓厚，写作也更勤奋了。

▲李清照的蜡像

夫妻共撰《金石录》

那个时代的婚姻不能自主，像这样一位才情俱佳的女子要能通过父母之命、媒妁之言找到一位如意郎君实非易事。也许是上天的怜悯，竟然为李清照安排了一段美满的姻缘。李清照的如意郎君就是太学生、丞相赵挺之子赵明诚。李清照18岁时，在汴京与他结婚。她与赵明诚，是封建婚姻制度下最幸福的一对，他们伉俪情深，琴瑟和谐，彼此都懂得欣赏对方，理解对方，支持对方，两人情趣相投，常投诗报词，恩爱非常。

她的丈夫赵明诚也是个官家子弟，夫妻俩志同道合，除都能诗善文外，还有一个共同的爱好，就是收藏金石（古代铜器和石碑上镌刻的文字书画）。这些文物既是我国古代的精湛艺术，又保存着丰富的历史材料。赵明诚在幼年拜读了欧阳修的《集古录》，感触颇深。成年后，他感到《集古录》尚不完备，编撰体例不合理，就决心穷其一生去搜集，写一部完备的《金石录》。

那时候，赵明诚还在京城太学里读书。赵、李两家虽然都担任不小的官职，但不是富豪人家，没有多余的钱让他们购买文物。这并不影响他们对金石的追求。每逢初一月半，赵明诚便请假回家，拿些衣服到当铺里去押半吊钱，然后到大相国寺去。

大相国寺是东京最大的佛寺，那里经常举行庙会，在庙会上，摆满了各种商品，也有出售书籍、古玩和碑帖字画的。赵明诚在那里，看到中意的碑文字画，就买下来。李清照自幼饱读诗书，完全理解丈夫的抱负，赵明诚每当回到家里，便和李清照一起细细整理、欣赏。夫妻俩把这件事当做他们生活上的最大乐趣。

过了两年，赵明诚当了官，他把所得的官俸几乎全花在购买金石图书上，他的父亲有一些亲戚朋友在朝廷的藏书阁里工作，那里有许多外面没有流传的古书刻本，赵明诚通过这些亲友，千方百计把它们借来摹写。这样日积月累，他们家收藏的金石书画越来越多。李清照建立了书库大橱，编好目录，发现有一点污损，一定及时整理好。经过将近20年的努力，赵明诚终于完成了这部记载古代历史文物的著作——《金石录》。

夫妻情深

有时夫妻俩也谈论诗文。一天，赵明诚说道："我就喜欢你那些'惊起一滩鸥鹭'、'夹衫乍著心情好'、'梨花犹谢恐难禁'一类句子，仿佛不经意为之，可是我苦苦寻思，却总也想不到，道不出。若刻意斧凿，反倒弄巧成拙。"李清照说道："我幼年弄笔之初，常听父亲说：'文不可苟作，诚不著焉，则不能工。且晋人能文者多矣，陶渊明《归去来辞》，字字如肝肺出，遂高步晋人之上，其诚著也。'"

光阴荏苒，在一个秋风萧瑟，桂子飘香的时节，赵明诚得到友人刘跂的书信，约他到泰山访古，李清照无法随他一起去泰山，就帮丈夫打点行囊，备下菜食，为丈夫饯行。席上李清照在一幅锦帕上写下了为赵明诚送别的一阕《一剪梅》：

红藕香残玉簟秋。轻解罗裳，独上兰舟。
云中谁寄锦书来？雁字回时，月满西楼。
花自飘零水自流。一种相思，两处闲愁。
此情无计可消除，才下眉头，却上心头。

赵明诚读了此词，就把登泰山、访古碑的心思减去一半。后来，人虽离家愈来愈远，心却愈来愈近，身还未到泰山，心却早已在计算归期了。

▼婉约雅致的意境在李清照的词中浓浓地洋溢着

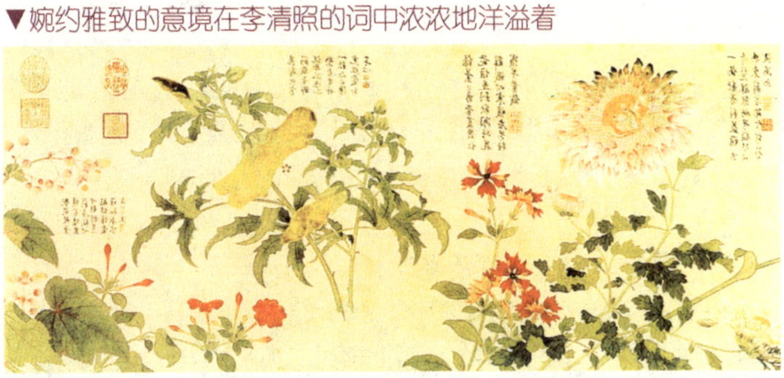

辛弃疾……
南宋爱国词人

味甘终易坏，岁晚还知，君子之交淡如水。

辛弃疾（1140~1207），字幼安，号稼轩，历城（今山东济南）人。南宋爱国词人。

巧填中药词

辛弃疾才思敏捷，诗词俱佳；他的妻子也多才多艺擅长词章。夫妇俩天涯海角，鸿雁往来，托药寄情的轶事在文学史上传为美谈。

辛弃疾新婚不久就辞别妻子，奔赴抗金战场。但思乡念妻之情，从未淡漠。夜深人静，对冷月星斗，难入梦乡，于是挑灯夜书，以中药名串成《定风波》一词，遥寄娇妻，以抒情怀。词曰：

云母屏开。珍珠帘闭，防风吹散沉香，离情药抑郁，金缕织硫黄。柏影桂枝交映，苁蓉起，弄水银塘。连翘首，惊过半夏，凉透薄荷裳。一钩藤上月，寻常山夜，梦缩沙场。早已轻粉黛，独活空房。欲续断弦，未得乌头白，最苦参商。当归也，茱萸熟，地老菊花荒。

不久，他接到妻子的回信，拆开一看，竟也是用中药名填成的一首词。词曰：

槟榔一去，已历半夏，岂不当归也？谁使君子，寄奴生绕它枝，令故园芍药花无主矣。妾仰视天南星，下视忍冬藤，盼来了白芨书，茹不尽黄连苦。豆蔻不消心头恨，丁香苦结雨中愁。人生三七过，看风吹西河柳，盼将军益母

▲位于江西通天岩的辛弃疾雕像，左侧为江泽民主席的题字

柔情离绪，托药遥寄。辛弃疾夫妇也算是词林伉俪中“前无古人”的佼佼者了。

活捉叛徒

山东有个农民叫耿京，他带领了一支起义军，经常打击金兵。辛弃疾也是山东人，他非常敬佩耿京，就组织了2000多人，加入了耿京的队伍。

起义军在耿京和辛弃疾的领导下，常常打胜仗，参加的人也越来越多，不久有了二十几万人。耿京就派辛弃疾到南方去和南宋联系，好联合起来把金兵赶走。谁知道起义军里面出了一个叛徒，叫张安国。他乘辛弃疾不在的时候，暗杀了耿京。起义军没有了领袖，就这样散掉了。

辛弃疾从南方回来，叛徒张安国已经逃到金国的兵营里去了。辛弃疾心中既悲痛又愤怒。他对同伴说：“我们一定要活捉张安国，为耿京报仇！”

同伴中有人说：“张安国躲在敌人的兵营里，那儿驻扎了5万金兵。咱们只有几十个人，怎么去捉他呢?”辛弃疾叫道：“5万！就是50万，我们也要闯进金营，杀了这个叛徒，为耿京报仇，为老百姓报仇!”

▼辛弃疾清平乐词意

当天晚上，辛弃疾挑选了50名勇士，个个骑上快马，带着刀剑，向金营直奔而去。快到金营的时候，天已经黑了，他们下了马，把马拴在树上，然后趁天色已晚悄悄地摸进了金营。

金营里灯火辉煌，张安国正在跟两个金将喝酒猜拳。他们看见辛弃疾和勇士们拿着刀剑冲进来，吓得魂都没了。张安国赶紧钻到桌子底下，两个金将急忙举起椅子抵挡。勇士们一拥而上，把两个金将连人带椅子砍翻在地。辛弃疾一个箭步飞上前，把张安国从桌子底下揪了出来。

张安国抱着个脑袋，直喊饶命。辛弃疾用剑指着张安国骂道：“你这个叛徒！耿京哪点对不住你?”张安国吓得浑身打颤，说：“我……我错了!”

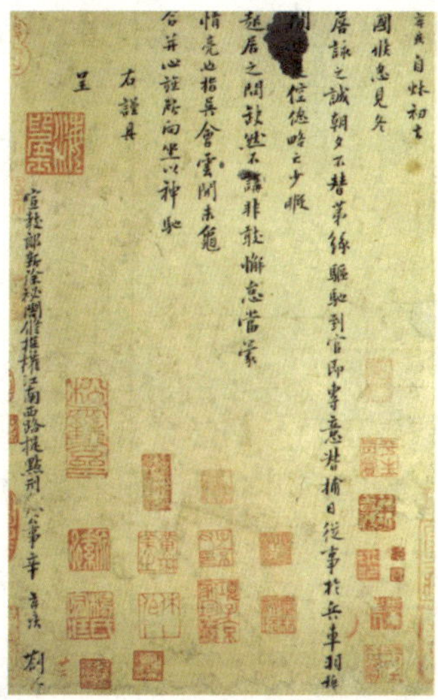

◀辛弃疾《去国词》手迹

辛弃疾冷笑一声说：“错了？来，绑起来，带回去办罪!”

大伙儿一拥而上，把张安国绑得结结实实，拉出了营帐。

营帐外面站了很多金兵，看辛弃疾他们威风凛凛，谁也不敢上前。

辛弃疾把叛徒绑在马后头，不慌不忙地跨上了马，喝道：“谁敢上来，就要他的狗命！告诉你们，我们的10万大军就要开到。想活命的趁早投降!”说完就带着勇士们冲了出去。等金国将领派兵来追的时候，他们早已跑得无影无踪。

▲大明湖畔辛弃疾纪念祠内的彩塑，表现的是辛弃疾抗击金兵时的戎装形象

叛徒张安国终于得到了他应得的下场：被砍掉了脑袋。

辛弃疾活捉叛徒张安国时，才23岁。

鲁迅……
文学斗士

唯有民魂是值得宝贵的，唯有他发扬起来，中国才有真进步。

鲁迅（1881~1936），原名周树人，字豫才，鲁迅是他的笔名。浙江绍兴人。中国现代著名的文学家、政治评论家、新文化运动的重要领导人、左翼文化运动的旗手。1918 年 5 月，首次用“鲁迅”的笔名，发表中国现代文学史上第一篇白话小说《狂人日记》，奠定了新文化运动的基石。五四运动前后，参加《新青年》杂志工作，猛烈抨击封建文化与封建道德，成为“五四”新文化运动的主将。1918 年到 1926 年间，陆续创作出版了小说集《呐喊》、《彷徨》，论文集《坟》，散文诗集《野草》，散文集《朝花夕拾》，杂文集《热风》、《华盖集》、《华盖集续编》等专集。1921 年 12 月发表的中篇小说《阿Q正传》，是中国现代文学史上的不朽杰作。

少年鲁迅

一代文豪鲁迅先生也曾是写对联的好手。少年时代的鲁迅在上私塾时，先生就教他们做对。

一次， 塾师寿镜吾老先生出了上联“独角兽”，让学生们对下联。立刻塾房活跃起来，有的孩子对出“九头鸟”，有的孩子对出“三脚蟾”，有的孩子对出“百足蟹”等等，唯独周樟寿（鲁迅小时原名）一语不发，等课堂上平静下来后，他站起对出“比目鱼”。

课堂立时悄然，没有再应对的了。寿老先生在一一评论了前者之后，最后称赞周樟寿对得最好。因为“独非数字却有一”的意思，而“比”也非数字，却相当于“二”。两者虽俱无数字却都有数的含义，真是恰到好处。经老师的点拨，同伴们佩服得五体投地。

在农村的快乐时光

童年时代，鲁迅常跟母亲住到绍兴乡下安桥头外婆家里，后来又到皇甫庄大舅父家里寄居。安桥头、黄甫庄都在绍兴昌安门外水乡，宽狭纵横的河流静静地流过村边。

鲁迅喜欢到乡下去，他把那里看做是自由的天地，崭新的世界。因为在这里不仅可以免读深奥难懂的《四书》、《五经》，还可以同农民的孩子自由自在地生活在一起，到密如蛛网的河上去划船、捉鱼、钓虾，去欣赏带着点点渔火的水上夜景，或者到岸上去放鹅、牧牛、摘罗汉豆，呼吸清新的空气……

每逢村子里演社戏的时候，鲁迅就和小伙伴们一起摇船来到半个在岸上、半个在湖里的戏台前面，看武功演员翻筋斗。有时，他还和农民的孩子一起学演戏、扮小鬼。他们在脸上涂上几笔彩画，手握一杆杆钢叉跃上台去，愉快地玩耍着。

农村，对少年时代的鲁迅是很有吸引力的。在这片自由的天地里，鲁迅不仅学到了许多社会知识和生产知识，还和农民家的小朋友建立了深厚的友谊，逐渐了解了农民勤劳、质朴的性格，同时也看到了旧社会阶级压迫、阶级剥削的血淋淋的事实。

鲁迅和农民的孩子常念诵的一首渔歌中，就有这样悲惨的句子："一日七升，一日八升，两日勿落（两天不下河打渔），饿得发白；一日七升，一日八升，两日勿落，要哭出声。"这些对鲁迅的思想发展产生了深刻的影响，使鲁迅知道农民"是毕生受着压迫的，很多苦痛，和花鸟并不一样"。

弃医从文

鲁迅早年在日本仙台医学专科学校学习。

一天，在上课时，教室里放映的片子里一个被说成是俄国侦探的中国人，即将被手持钢刀的日本士兵砍头示众，而许多站在周围观看的中国人，虽然和日本人一样身强体壮，但个个无动于衷，脸上是麻木的神情。

这时身边一名日本学生说："看这些中国人麻木的样子，就知道中国一定会灭亡！"鲁迅听到这话忽地站起来向那说话的日本人投去两道威严不屈的目光。昂首挺胸地走出了教室，他的心里像大海一样汹涌澎湃。一个被五花大绑的中国人，一群麻木不仁的看客一一在脑海闪过，鲁迅想到如果中国人的思想不觉悟，即使治好了他们的病，也只是做毫无意义的示众材料和看客。现在中国最需要的是改变人们的精神面貌。

他终于下定决心，弃医从文，用笔写文唤醒中国老百姓。从此，鲁迅把文学作为自己的目标，用手中的笔做武器，写出了《呐喊》、《狂人日记》等许多作品，向黑暗的旧社会发起了挑战，唤醒了数以万计的中华儿女，起来同反动派进行英勇斗争。直到生命的最后一刻，他仍夜以继日地写作。

种花木

鲁迅先生一生喜爱花木，即使没有栽种的地方，也爱在书桌上摆一盆绿色的生命。少年时，鲁迅就读了许多有关花木的书籍，像《花镜》、《兰蕙同心录》、《广群芳谱》等。中年的鲁迅最爱丁香花和木槿花。

1923 年，鲁迅居住在北京西三条胡同一个四合院时，就种了好几株白色和紫色的丁香花。夏秋之夜，每当夜深人静，他独自徘徊在花下，闻着略带苦涩的香气，以求解除疲劳。

▲鲁迅和他的老师藤野先生（蜡像）

1924 年秋天，鲁迅在西安讲学时，下榻处窗外有一丛盛开的白木槿花，他对花凝视良久，想构思一部《杨贵妃》的剧本。晚年，鲁迅定居在上海大陆新村 9 号时，还特地在前院种上了夹竹桃、石榴、紫荆、桃花等花木。

老舍……
人民艺术家

骄傲自满是我们的一座可怕的陷阱；而且，这个陷阱是我们自己亲手挖掘的。

老舍（1899~1966），原名舒庆春，字舍予，另有笔名絜青、鸿来、非我等。老舍是他最常用的笔名。是中国现代著名作家、剧作家。

艰难的少年时代

老舍是满族正红旗人。1899 年出生于北京西城小杨家胡同一个困苦的贫民家庭，老舍的父亲是一名守卫皇城的护军，1900 年在抗击八国联军入侵的巷战中阵亡。从此，全家依靠母亲给人缝洗衣服和充当杂役的微薄收入为生。

老舍在大杂院里度过艰难的幼年和少年时代。大杂院的日常生活，使他从小就熟悉车夫、手工业工人、小商贩、下等艺人、娼妓等挣扎在社会底层的城市贫民，深知他们的喜怒哀乐。

大杂院的生活使他从小就喜爱流传于市井巷里的传统艺术（如曲艺、戏剧），被它们的魅力所吸引。他从这样的环境中，接受了与现代中国大多数作家不同的生活教育和艺术启蒙。这些，都对他有极大的影响，并在他的创作中留下了鲜明的印记。

▶老舍先生在青岛的故居，《骆驼祥子》就是在这里诞生的

走进文学天堂

1906 年，在别人的资助下，老舍进私塾读书；三年后，转入新式学堂。1913 年，考入学杂膳宿费用都由国家供给的北京师范学校。1918 年，老舍以优异成绩在北京师范学校毕业，毕业后任北京公立第十七高等小学校长并兼任国民学校校长。

当“五四”民主科学、个性解放的呼声，把他从“兢兢业业地办小学，恭恭顺顺地侍奉老母，规规矩矩地结婚生子，如是而已”的人生信条中惊醒，他做出了新的抉择。

1922 年 9 月，老舍辞去所有职务，到以开明新派著称的天津南开学校中学部任国文教员，在那里写下了第一篇新文学习作《小铃儿》。“五四”推动他进一步挣脱了封建的、世俗的羁绊，去寻求一种比他已经得到的更有意义的生活。

1924 年，老舍去英国，任伦敦大学东方学院的汉语讲师。多彩的世界和浓烈的乡思，将他拉入文学的天堂。他阅读了大量英文作品，业余开始小说创作。写有《老张的哲学》、《赵子曰》、《二马》等。1926 年加入文学研究会，老舍在文学事业中找到了值得为之献身的工作和充实的生活。他的创作从一开始就显现出现实主义的特点，并且从语言、笔调到内容、主题，都具有鲜明的艺术个性。

▶老舍先生笔下的人物无不鲜活生动，他不但记录了北京的人生百态，更是记录了那个年代中国的屈辱与奋争

1929年夏，老舍取道法、德、意、新加坡等国回国。次年7月，到济南齐鲁大学任教。1934年，改任青岛山东大学教授。课余继续长篇小说的创作。《猫城记》（1932）、《离婚》（1933）、《牛天赐传》（1934）、《月牙儿》（1935）、《骆驼祥子》（1936）、《我这一辈子》（1937），都是这个时期的作品。特别是小说《骆驼祥子》突出地表现了作家对于城市贫民的真挚同情和深刻理解，成为老舍的主要代表作。

《骆驼祥子》是30年代中国最优秀的作品之一，也是现代中国一部杰出的长篇小说，它奠定了老舍在中国现代文学史上的重要地位。40年代译成英文以后，也赢得了外国读者的喜爱。

▶老舍在青岛的留影

“改邪归正”

1920年9月，老舍被京师学务局提升为劝学员，月薪100多元，相当丰厚。于是老舍看戏、逛公园、喝酒、抽烟、打麻将。这种生活让他大病了一场。病好后，老舍寻思，不能再这样浑浑噩噩地过下去了。

1922年9月，他辞去劝学员一职，到天津南开中学担任国文教员。他自己说：“一月挣五十块钱。在金钱上受了很大损失；在劳力上也要受好多累。可是我很快活，我又摸着了书本，一天到晚接触的都是可爱的学生们。”

出题难倒白石

当年老舍常常以古诗句为题，出给齐白石，让他以诗意作画。后来老舍的题目越出越难，一句“蛙声十里出山泉”难住了老画家。齐白石思考了3天3夜，最终在“泉”上找到了突破口。虽说“蛙声十里”，但没有画一只蛙，而是在峡谷间的流泉中点缀了几只小蝌蚪顺流而下，几座远山，蝌蚪仿佛由水的源头游来，那么它们的母亲就一定在那里了。绝妙的构思使得这件作品成为他晚年的杰作。

▲《蛙声十里出山泉》，此画是白石老人91岁时为老舍画的一张水墨画

徐志摩……

天才的浪漫主义诗人

友情是愉快，是爱，是再不畏虑，是不再受孤寂的侵凌。

徐志摩（1896-1931）现代诗人、散文家。名章垿，笔名南湖、云中鹤等。浙江海宁人。曾留学欧美，先后在美国哥伦比亚大学、英国剑桥大学攻读政治、经济，获硕士学位。1921 年开始写诗。他的诗作字句清新、韵律和谐、比喻新奇、想象丰富、意境优美、神思飘逸、富于变化，具有鲜明的艺术个性，为新月派的代表诗人。

徐志摩的爱情故事

徐志摩是中国现代诗坛上屈指可数的大诗人之一，20 世纪 20 年代末到 30 年代盛极一时的“新月派”主将。他的诗，风格欧化，流动着内在的韵律和节奏，情感真挚充沛，有《再别康桥》等许多名篇传世。

徐志摩留学英美，交游广阔：胡适、梁启超、郁达夫、沈从文、罗素、狄更生、泰戈尔、曼殊斐儿……无一不是社会名流兼文化名人。

长辈与他亦师亦友，同辈与他亲密无间。熟识徐志摩的人都称赞他的性格品行，说他天真挚诚、不计名利、热情无私、活泼风趣，有徐志摩的地方就有欢笑。但是，总是给别人带来欢乐的徐志摩内心却始终有解不开的“烦恼结”。

▲剑桥（Cambridge）河上的一座廊桥，这也许就是徐志摩诗中的康桥

徐志摩在婚姻的低潮期写下名诗《我不知道风是在哪一个方向吹》，其实他一生的风基本来自三个方向，也就是性格完全不同的三个女性：张幼仪、林徽音、陆小曼。像许多抒情诗人一样，女性是徐志摩灵感的源泉，也是他悲剧的根源。

1915 年，由政界风云人物张君励为自己的妹妹张幼仪提亲，徐志摩把从未谋面的新娘娶进了门。张幼仪出身显赫富贵却不娇纵，相夫教子，恪尽妇道。而徐志摩对这桩“无爱的婚姻”始终心存疑虑，在英国念书时结识了林徽音，更促使他决心离婚。

1922 年 3 月，两人在柏林离婚，11 月还在国内发表了离婚通告，成为当时的头号新闻。徐志摩还写下《笑解烦恼结》一诗送给张幼仪，痛斥封建礼教后说：“此去清风白日，自由道风景好”。

▼与徐志摩关系密切的三位女性

◀林徽音

◀徐志摩的第二任妻子陆小曼

◀徐志摩的原配夫人张幼仪

可这时徐志摩的“烦恼结”已系在了林徽音身上。林徽音秀外慧中，是有名的才女，其父林长民也是社会名流。她与徐志摩相识时只有 17 岁，两人虽然相知很深，但最后林徽音还是嫁给了梁启超之子、后来的著名建筑学家梁思成，他们的因缘也是一段佳话。从此林徽音成为徐志摩梦中可望而不可及的一个完美身影。

另据有的传记作者透露，在结识陆小曼之前，徐志摩与美国著名作家、诺贝尔文学奖获得者赛珍珠有过短暂而隐秘的恋情，赛珍珠直到晚年才透露了这一消息，而徐志摩始终未留一字痕迹。

徐志摩完美的现实追求终落在社交名媛陆小曼身上。陆小曼是有名的美人加才女，与徐志摩相恋时已是有夫之妇。两人的恋情成为当时最轰动的社会新闻之一。他们在经受了许多痛苦折磨后终成眷属，而婚礼上还遭到证婚人梁启超声色俱厉地训斥：“希望勿再做一次过来人。”

婚后的徐志摩并非进了天堂，他父亲始终不承认陆小曼这个儿媳，而陆小曼整日沉浸在上海的社交场上使徐志摩痛惜她浪费才华，她挥金如土的习性也使诗人入不敷出。

在种种矛盾中，徐志摩形容自己的创作陷入了“穷、窘、枯、干”的境地。徐志摩在北平教书，而陆小曼坚持留在上海，于是徐志摩只得经常在平、沪两地奔波，“总想飞”的诗人还特别喜欢乘坐当时并不普及的交通工具——飞机。悲剧终于发生。

1931 年 11 月 19 日，徐志摩搭乘济南号邮机从南京飞往北平，因为他答应 20 日要帮助林徽音筹划一个学术讲座。结果飞机在山东党家山上空撞山炸毁，当时徐志摩年仅 35 岁。

一心梦想飞翔的诗人死于飞行途中，不免使他的人生更富于浪漫性。

▲徐志摩故居二楼会客厅

巴金……世纪文人

我爱我的祖国，爱我的人民，离开了它，离开了他们，我就无法生存，更无法写作。

巴金（1904~2005），现代小说家、散文家。原名李尧棠，字芾甘。“巴金”是他1929年发表《灭亡》时使用的笔名。几十年来，先后创作了《爱情三部曲》、《激流三部曲》等长篇小说和数量可观的短篇小说，是现代中国著名的语言艺术大师。

钱，是用来买书的

汽车库、储藏室、阁楼上、楼道口、阳台前、厕所间、客厅里、卧房内……在巴金偌大的寓所内，曾经到处是书。巴金爱书，在文化圈内是出了名的。他的藏书之多，在当代文人中，恐怕无人可比。

藏书多，自然在于书买得多。

巴金最喜爱的东西就是书，这一兴趣他一生都没有变。在法国过着穷学生的清苦生活时，省吃俭用余下来的钱，就是买自己喜爱的书。有了稿费收入，个人生活不愁，自然更要买书。“1·28”日本侵略军的炮火毁去了他的住处，收藏的书也随之毁了。

▲巴金在书房中与贤妻、爱女、幼子幸福的合影

习惯已成，他的书慢慢地又积累起来。去日本小住1年，就买了许多英、日文版书带回来。对于名家作品他会不遗余力地搜集各种文字的译本。住屋几乎全放满了书。

1949年，上海解放前夕，巴金一家生活已很拮据，只剩下57块银元。夫人萧珊从菜场买来价廉的小黄鱼和青菜，用盐腌起来，晾干。每天取出一点，就算全家有了荤腥蔬菜吃。这两种菜，竟然支撑了全家半年的伙食。

一天傍晚，楼梯传来巴金沉重的脚步声。萧珊和养子迎了上去，只见他气喘吁吁的提着两大包刚买的书。萧珊问道：“又买书了？”“嗯，当然要买书了。”巴金回答道。从来就十分尊重，也什么都依着巴金的萧珊，这时说了一句：“家里已经没有钱了。”巴金问也不问家里到底还有多少钱，日子能不能过下去，就说道：“钱，就是用来买书的。都不买书，写书人怎么活啊？”

第二天，他又带着孩子们去逛书店了。

▲巴金的书案上到处是各类书籍，对于写作，巴金是严厉而苛刻的

称自己的作品 50%是废品

20 世纪 80 年代中后期，人民文学出版社拟出版《巴金全集》。起初，巴金不同意。编辑王仰晨几次来沪做说服工作，被王仰晨的热情和决心打动，一年后巴金终于同意了。

巴金为何不同意出版他的全集？因为，他认为，他的作品 50%不合格，是废品。

巴金是无情的。他说，第 4 卷中的《死去的太阳》是一篇幼稚之作，第 5 卷中的《利娜》，严格地说还不是创作。他认为《砂丁》和《雪》都是失败之作。这两篇小说，写于 20 世纪 30 年代初，以矿工生活为题材。他虽然在长兴煤矿住过一个星期，但是对矿工的生活，了解的还只是皮毛。

巴金是严厉的。在读者中广为流传的《爱情三部曲》，他也说是不成功之作。在《巴金全集》第6卷“代跋”中，巴金开篇就写道：“《爱情三部曲》也不是成功之作。关于这三卷书我讲过不少夸张的话，甚至有些装腔作势。我说我喜欢它们，1936年我写总序的时候，我的感情是真诚的。今天我重读小说中某些篇章，我的心仍然不平静，不过不像从前那样喜欢它们了，我看到了一些编造的东西。有人批评我写革命‘上无领导、下无群众’，说这样的革命是空想，永远‘革’不起来。说得对！我没有一点革命的经验。也可以说，我没有写革命的‘本钱’。我只是想为一些熟人画像，他们每个人身上都有使我感动的发光的东西。我拿着画笔感到毫无办法时，就求助于想象，求助于编造，企图给人物增添光彩，结果却毫无所得。”

巴金是苛刻的，他说《火》是失败之作。在编选《巴金选集》时，也没有把它们收进去。巴金说：“我不掩盖自己的缺点。但写一个短篇，不一定会暴露我的缺点。写中篇、长篇那就不同了，离不了生活，少不了对生活的感受。生活不够，感受不深，只好避实就虚，因此写出了肤浅的作品。”

关于《火》，巴金还说：“三卷《火》中我写了两位熟人……但是我应该承认跟我这样熟的两个人我都没有写好……除了刚才说的‘避实就虚’外，我还有一个毛病，我做文章一贯信笔写去，没有计划，没有蓝图，想到哪里就写到哪里。所以我不是艺术家，也不是文学家，更不是什么大师。我只是用笔做武器，靠作品生活，在作品中进行战斗。我经常战败，倒下去，又爬起来，继续战斗。”

▲1984 年 10 月，巴金获香港中文大学荣誉文学博士学位。巴金的名字又一次在港岛引起了轰动

▼晚年的巴金

钱钟书……

博学多才的文学大师

天地间有许多景象是要闭了眼睛才看得见的。

钱钟书（1910—1998），现代文学研究家、作家，字默存，号槐聚，曾用笔名中书君，因他周岁“抓周”时抓得一本书，故取名“钟书”。文学作品有散文集《写在人生边上》、短篇小说集《人、兽、鬼》、长篇小说《围城》。

▲温馨和睦的一家人

学识渊博的钱钟书

钱钟书出生于诗书世家，自幼受传统经史方面教育，中学时擅长中文、英文，在数学等理科上成绩极差。报考清华大学时，数学仅得 15 分，但因国文、英文成绩突出，其中英文更是获得满分，于 1929 年被清华大学外文系破格录取。

在这时期，他刻苦学习，广泛接触世界各国的文化学术成果。1933 年大学毕业。1935 年和作家、翻译家杨绛结婚。同年考取公费留学生资格，在牛津大学英文系攻读两年，又到法国巴黎大学进修法国文学一年，于 1938 年回国。

钱钟书深入研读过中国的史学、哲学、文学经典，同时不曾间断过对西方新旧文学、哲学、心理学等的阅览和研究，著有多部享有声誉的学术著作。他的散文和小说也很出色，特别是长篇小说《围城》，可谓家喻户晓。

钱钟书从小就聪明过人，但他的天赋主要表现在文学上。他喜欢随心所欲地发挥，特别不愿意按部就班地逻辑推理，因此对数、理、化等课程深恶痛绝。

钱钟书进入中学读书后逐渐喜欢上了英语。钱钟书所在的中学是美国圣公会办的教会学校，大部分课程都是用英文讲授。他的英语成绩很好，但是他从不上英语课，也不看英语教科书，上课也不记笔记，而是低头看外文原版小说。因此，他的英文几乎完全靠自学，充分表现了他卓越的语言天赋。

▲恩爱的文坛伉俪钱钟书与杨绛

钱钟书学识渊博，记忆力惊人。在清华大学读书时，他就与吴晗、夏鼐被誉为清华“三才子”。

金庸……“世界第一侠笔”

草木竹石皆可为剑！

金庸，本名查良镛，生于1924年，浙江海宁人。1955年，查良镛偶试身手，写出第一部武侠小说《书剑恩仇录》，一举成名。“金庸”作为一个“神话”由此诞生。查良镛有两支笔：一支是写武侠小说的“世界第一侠笔”，另一支是写社评的“香港第一健笔”。香港市民喜欢看他的社评，连国共两党政要、美国国务院也剪辑他的社评，作为资料加以研究参考。1972年，金庸挂印封笔，金盆洗手。

金庸故事

1924年2月，金庸生于海宁县袁花镇一个富有的家庭。金庸祖父查文清是清光绪丙戌年进士，曾在江苏丹阳任知县，后辞官回乡。

查文清死后，留下一些家宅和田地。金庸出生时，查家还拥有3600多亩田，租种者也有上百户，所以其父亲乃“当仁不让”的大地主。

因家学渊博，海宁查家藏书丰富，浙西一带十分有名。故尽管金庸年纪幼小，但所涉猎的书籍已相当广泛。

一天，他翻藏书时，无意中看到一本武侠小说《荒江女侠》，此部书是“新文派”始祖、言情小说家顾明道写的。一连看了几天，金庸拍案“想不到世上还有那么好看的书”。当时金庸只有八九岁。从此以后，金庸到处搜罗武侠小说，想一睹为快，平江不肖生的《江湖奇侠传》，其中《火烧红莲寺》的故事留给他深刻的印象。平江不肖生在《侦探世界》杂志连载的清末民初武林真人真事《近代侠义英雄传》使金庸更加痴迷。

1937年，金庸就读浙江省立嘉兴中学，刚读完一年级，日本侵华，后来读到高中，家乡沦陷。由于战事，杭州、嘉兴、湖州的第一流中学便成了联合高中，此后金庸随学校辗转于余杭、临安、丽水三地之间。没有家庭接济，金庸一度只能靠政府发的公费度日，穿草鞋，受军训，四处颠沛。正是这段艰苦生活，锻磨出日后他的独立性格。

◀金庸笔下的经典——郭靖与黄蓉

抗战前，富家子弟纷纷出国留学，学成再回国一展抱负。以查家优裕的家境，金庸去海外是计划中的事。但战争爆发使此计划不能实现，后来金庸忆及此事，仍颇感遗憾。

文化艺术

Part 6

文化艺术好像一杯诱人的美酒，令人欲罢不能。一批批艺术巨匠不断地涌现在历史舞台上：妙笔生花的王羲之，不为五斗米折腰的陶渊明，乐坛巨星聂耳，国画艺术大师齐白石……，他们的艺术传承万年而不朽。历史悠久的中华民族也涌现出了许多的风流人物：七下西洋的航海家郑和，新文化改革的倡导者胡适……，这些功勋卓著的人物在历史的长河中熠熠生辉。

王羲之……“书圣”

意在笔先。

王羲之（约303~361），字逸少，原籍琅邪，定居山阴。我国古代著名的书法家，王羲之的书法艺术成就很高，不仅全面精通古代各种书体，而且创造出一种适应时代需要的新体，并构建了一个完整的风格体系，对后世产生了极大的影响。被后人尊称为“书圣”。传世作品有《兰亭集序》等。

苦练书法

王羲之自幼酷爱书法，13岁那年，偶然发现他父亲藏有一本《说笔》的书法书，便偷来阅读。父亲担心他年幼不能保密家传，答应等他长大之后再传授。没料到，王羲之竟跪下请求父亲允许他现在阅读，父亲很受感动，终于答应了他的请求。

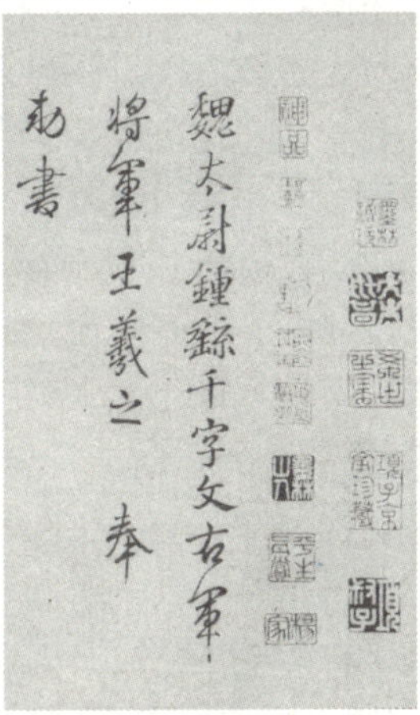

▶王羲之题词

王羲之练习书法很刻苦，甚至连吃饭、走路都不放过，真是到了无时无刻不在练习的地步。

没有纸笔，他就在身上画写，久而久之，衣服都被划破了。

他有时练习书法竟达到了忘情的程度。一次，他练字竟忘了吃饭，家人把饭送到书房，他竟不假思索地用馍馍蘸着墨吃起来，还觉得很有味。当家人发现时，已是满嘴墨黑了。

▲王羲之故居内的洗砚池

王羲之常临池书写，就池洗砚，时间长了，池水尽墨，人称“墨池”。现在绍兴兰亭、浙江永嘉西谷山、庐山归宗寺等地都有被称为“墨池”的名胜。王羲之的书法艺术和刻苦精神很受世人赞许。

顾恺之……“三绝”画祖

春水满四泽，夏云多奇峰。秋月扬明辉，冬岭秀寒松。

顾恺之（约345~409），字长康，小字虎头，晋陵无锡（今属江苏人。）东晋画家和文学家，他以“画绝、才绝、痴绝”而驰名于世。现今传世的顾恺之作品摹本有歌颂曹植与甄氏爱情的《洛神赋图》和劝诫妇女德行的《女史箴图》、《列女仁智图》。

顾恺之募钱

有个瓦棺寺刚刚落成，众和尚想请人捐钱，可是数月后，钱款仍不多，颇使和尚们发愁。

一天，一位不到20岁的年轻人来到庙里，在缘簿上写下捐钱100万。和尚们都很惊讶，以为他空口说大话。年轻人说：“你们在庙里准备好一堵素白的墙壁，我自有募钱的办法。”和尚们半信半疑地照办了。

年轻人花了一个多月的时间，在墙壁上画了一幅佛教传说中的人物画——《维摩诘的经变图》。此画笔法流畅，气宇轩昂。

他画好后对和尚们说：“第一天进来看壁画的要求每人布施10万钱，第二天看的人5万钱，第三天随意布施。”消息传出后，大家都来看这幅壁画，把庙门都快挤破了，就这样，一下子就募到很多钱，大大超过了100万。

这个年轻人就是中国绘画史上第一位赫赫有名的人物画大家——顾恺之。

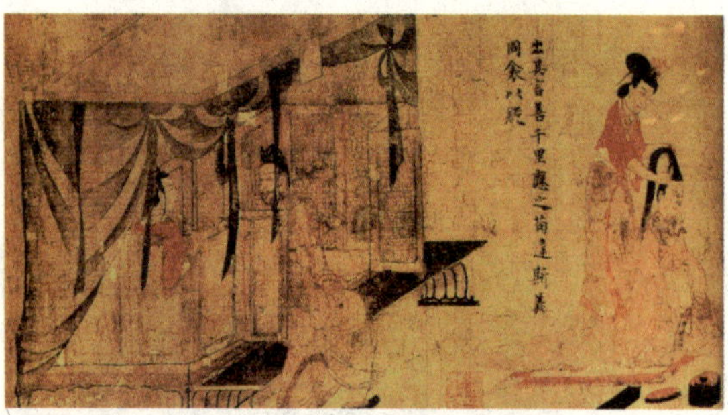

▲顾恺之的《女史箴图》（局部），英国大英博物馆藏。此图系作者根据西晋张华《女史箴》一文而画的，是我国尚能见到的最早专业画家的作品之一。画面主要描写古代宫廷仕女的节仪行为，宣扬封建社会的女性道德。此画为宋代绘画摹本。1860年，英法联军入侵北京，英军大尉基勇从圆明园盗出携往国外

点睛传说

据说顾恺之的母亲在生下他之后就去世了，因此顾恺之从来都没有见过母亲。当顾恺之四五岁的时候，开始察觉到别人都有母亲，为什么自己却没有，他伤心地回家问父亲，父亲只是含糊其词地推说母亲出远门了。从那天以后，顾恺之便经常在门口呆坐着等母亲回来，后来，父亲不忍心再欺骗儿子，便将实情告诉了顾恺之。小恺之虽然心中难过，但仍常常要父亲给他讲母亲的样子，他仔细地问了母亲的长相、五官、身材，包括常穿的衣裳布料及颜色，过了一段时间，他突然有了一个想法，要把母亲的样子画下来。

顾恺之花了几天的时间，画了母亲的画像，他高兴地拿给父亲看，父亲看了看，却连连摇头说："不像！"于是，顾恺之又花了一个月的时间画了另一张画像，父亲这次说："身材是有点像，但是容貌及手足并不像。"

▲顾恺之的《洛神赋图》（局部），北京故宫博物院藏。《洛神赋》是三国文学家曹植的名篇，描述作者在由京师返回封地途中与洛水女神相遇的动人爱情故事。图卷人物神态刻画细腻，设色鲜艳、厚重，山川树石画法幼稚古朴。《洛神赋图》在宋代摹本颇多，现共存三卷，但以此卷最为完整

不灰心的顾恺之又花了3个月的时间，重画了一张母亲的画像，这次父亲认为四肢及身材轮廓已经很像了，只是脸画得不太像。又过了半年的时间后，顾恺之再次拿着画好的画像请父亲过目，这次，父亲很高兴地说："很像！身材容貌都很像，只是眼睛不太像。"

顾恺之得到父亲的赞美，虽然很高兴，可是他一定要将母亲的样子分毫不差的画下来，因此他又花了一年的时间，完成了母亲的画像。这一次，父亲拿着母亲的画像看得都舍不得放下说："太像了！尤其眼神最像。"从此，顾恺之画人像的技术，尤其是"点睛"的功夫独步当时的画坛。

"虎头"绰号的由来

据说从前江南的湖边经常有许多老虎出没。有一天，顾恺之正在江边准备画一幅大幅的巨作《洛神图》。洛神是个水神，经常在江河湖泊来去，顾恺之也因此天天到湖边来作画。

有一天，当太阳下山，天际水面都是五彩缤纷的彩霞，顾恺之正要收拾画具回家时，突然水面上荡起阵阵涟漪，一位美丽动人的姑娘带着微笑站在水面上。她看了顾恺之一眼，匆匆走入一片彩霞之中，顾恺之连忙准备画具，开始作画。

画着画着，画笔却秃了，他一心要捕捉这动人的画面，随手一摸，却摸到了一个毛茸茸的东西，顾恺之伸手一拔，抓到的却是一把毛质锋挺，软硬适中的金黄色的毛。顾恺之从衣衫抽出一段线头，将这撮毛扎成一个笔头，用手指捏着，就开始作画了。

顾恺之专心地作画，不知不觉就把笔画秃了，他随手一抓，又是一撮黄毛，扎成笔头继续作画，直到天色晚了，才不得已回家。

第二天，他又到原来的地方，只见湖边多了一块蹲着似老虎模样的黄石，他也不在意，坐上去就开始画了起来。就这样，每天湖边都多了一块黄石，等到顾恺之画完时，湖边早就蹲满了老虎般的黄石，奇怪的是，原来湖边常见的老虎却也快没了。当地人经常看顾恺之作画时，旁边总有几只老虎乖乖地蹲在一旁，而每天画完时，地上满是金黄色的虎毛，大家都说顾恺之是老虎的头头，因此"虎头"这个绰号就这样传了开来。

张骞……丝绸之路的开拓者

张骞使西域得种，故名胡瓜。

——（明）李时珍

西汉张骞（? ～公元前 114），字子文，西汉成固（今陕西省城固县）人，是中国历史上第一位有影响的对外友好使者。他两次出使西域，加强了中原和西域少数民族之间的联系，开辟了举世闻名的丝绸之路，促进了东西方经济文化的交流。

勇担出使任务

张骞体魄健壮，性格开朗，富有开拓和冒险精神，武帝时以军功封博望侯，旋拜中郎将，出使乌孙，分遣副使至大宛、康居、大夏等，自此西北诸国方与汉交通，使汉朝能与中亚交流，并打通前往西域的南北两条通道，引进优良马种、葡萄及苜蓿等。

当时汉、匈交恶，汉朝正在准备进行一场抗击匈奴的战争。一个偶然的机会，汉武帝从一匈奴俘虏口中了解到，西域有个大月氏国家，其王被匈奴单于杀死，还把他的头颅做成酒器。月氏人忍受不了匈奴的奴役，便迁徙到天山北麓的伊犁河流域。后又受乌孙国的攻击，再向西南迁到妫水（今阿姆河）流域。

▲荒凉的丝绸之路，曾经是商贾往来的繁华之地

月氏王想报杀父之仇，但苦于无人相助。武帝了解这些情况后，想联合大月氏，以“断匈右臂”。于是决定派使者出使大月氏。张骞以郎官身份应募，肩负出使月氏任务。

▲敦煌 323 窟内张骞出使西域的壁画，绘制于初唐时期

丝绸之路的开辟

公元前 2 世纪时，汉朝受到来自北面和西面山区匈奴部落的侵扰。他们攻打汉朝的农民，掠去他们的牲口，并且试图鼓动人们反对汉朝的统治。

公元前 139 年，汉武帝派张骞前往大月氏国（在今中亚阿姆河流域）。他的使命是帮助该区人民起来抵抗侵略者。

张骞被匈奴族囚禁多年，他获释后再度前往中国以西的地方探险。

他的旅行路线经过阿富汗，直达现在的乌兹别克斯坦共和国境内的撒马尔罕。当时尚无人到过中国以西这么远的地方。

因此，张骞给皇帝带回了在汉朝第一次听到的关于印度、中东以及欧洲诸国的消息。

后来汉朝商人带着丝绸和玉石，沿张骞所经过的路线，翻山越岭来到中国西北并穿过了戈壁沙漠。这条路线后来被称为“丝绸之路”。

张骞通西域

公元前 138 年，汉武帝就派张骞带着 100 多个人出发去找大月氏国。但是要到大月氏国，一定要经过匈奴占领的地界。张骞他们小心地走了几天，还是被匈奴兵发现围住了，全都做了俘虏。

匈奴人没有杀他们，只是派人把他们分散开来管住，只有堂邑父跟张骞住在一起，一住就是 10 多年。

日子久了，匈奴对他们管得不那么严。张骞跟堂邑父商量了一下，乘匈奴人不防备，骑上两匹快马逃了。

他们一直向西跑了几十天，吃尽苦头，逃出了匈奴地界，没找到月氏，却闯进了另一个国家叫大宛（在今中亚细亚）。

大宛和匈奴是近邻，当地人懂得匈奴话。张骞和堂邑父都能说匈奴话，交谈起来很方便。他们见了大宛王，大宛王早就听说汉朝是个富饶强盛的大国，这回听到汉朝的使者到了，很欢迎他们，并且派人护送他们到康居，再由康居到了月氏。

月氏被匈奴打败了以后，不想再跟匈奴作战。但是因为张骞是个汉朝的使者，也很有礼貌地接待他。

张骞和堂邑父在大月氏住了一年多，还到大夏去了一次，看到了许多从未见到过的东西。但是他们没能说服大月氏国共同对付匈奴，只好回来。经过匈奴地界，又被扣押了一段时间，幸好匈奴发生了内乱，才逃回长安。

“铜天马”的由来

“铜天马”又名“青铜奔马”、“马踏飞燕”。这个造型是在甘肃武威雷台汉墓中出土的。铜天马高 34.5厘米，长45厘米，马的造型雄劲矫健，昂首嘶鸣，三足腾空，右后蹄踏着一只飞燕，马头上一撮流线型鬃毛直伸尾部，神态若飞，显示出“天马行空”的雄姿。这匹“铜天马”的铸造与陕西历史人物张骞出使西域有关。

▲神态若飞的『马踏飞燕』

相传，汉武帝派张骞两次出使西域联络乌孙。事毕张骞返回时，乌孙国王特意选了十匹伊犁马，贡奉汉朝。

张骞携马返回长安途经甘肃武威时，突遇沙漠风暴，一匹骏马被沙暴卷走，跌落在一处村庄里。人们发现这匹神骏无比、奔腾若飞的天外来客，认为是传说中“嘶青云，腾昆仑”的神马，于是精心饲养，细心培育。后来“天马”与当地马交配育出一群健壮非凡的“天马”后代来。

20年后，“天马”归天之际，人们非常留恋，便请来能工巧匠以“天马”为模特儿，铸造出这具“铜天马”来，奉为圣物，世代相传。

玄奘……
饮誉华夏

如人饮水，冷暖自知。

玄奘（602~664），俗姓陈，名祎，洛州缑氏（今河南偃师缑氏镇）人，13岁出家，法名玄奘。后人称他三藏法师。玄奘法师是中国历史上最伟大的人物之一。他不仅是我国佛教学界负有崇高声望的大师，而且是中国古代最优秀的翻译家。

玄奘法师的家庭环境

玄奘从小聪明绝顶，悟性极高，深得父亲钟爱。幼时，就开始攻读古代的经典。平时在家里埋头用功，不大出来与其他儿童玩耍，就是外边鼓乐喧天、歌舞动地，他也难得出来一次看热闹。

▲于2003年在稷山县发现的《玄奘取经图》壁画（局部）

中国在南北朝时代，佛教广为流行，玄奘法师生在结束了南北朝的隋代。出家做和尚的人还很多，他的二哥陈素，法名长捷，就是在东都洛阳净土寺出家。当时洛阳有四个道场，其中有不少佛学名家。哥哥对弟弟的学业极为关切，常约他到道场学习佛经，因此就使玄奘从小埋下了出家的心愿。

玄奘西游

唐初，玄奘在四川、长安研究佛教理论，感到佛教宗派众多，佛经译文多误，令人无所适从，于是决心到天竺学习佛经，研究解决佛教教义的一些疑难问题。

贞观元年（公元627年），他从长安出发，杂于返西域的客商中，出玉门关独自西行。经过800里流沙，由天山南路横穿新疆，越过葱岭，通过中亚，于贞观二年（公元628年）夏末到达天竺西北部。然后沿一条由西向东的路线，参谒访问了恒河流域著名的佛教圣地和许多高僧。

▲嵩洛古道上的玄奘寺

贞观五年（公元631年）末，到达摩揭陀国，来到那烂陀寺。那烂陀寺是天竺佛教的最高学府。该寺住持戒贤是印度的佛学权威，他已90高龄，本已不再讲学，为表示对中国的友好情谊，特收玄奘为弟子，向他讲授最难懂的佛经——《瑜珈论》。

玄奘用5年时间精研佛学理论，取得优异成绩，成为那烂陀寺十大法师之一。接着他外出游学，环游印度半岛，一路多次参加佛学辩论会，誉满天竺。贞观十五年（公元 641 年），他返回那烂陀寺，主持寺内讲座。

贞观十九年（公元 645 年）正月，玄奘带着 657 部佛经回到长安。唐太宗派宰相房玄龄等出城迎接，长安城成千上万的老百姓走出城门欢迎他。

唐太宗在洛阳行宫召见了他，他向太宗介绍了西域及天竺见闻，随即回长安开始翻译佛经。19 年间共译出佛经 75 部 1 335 卷。他由于有较高的汉文化素养又精通梵文，所以译文流畅优美，有些专用名词如“印度”、表示时间的词“刹那”就是他确定下来的。这些佛经后来在印度大部分失传，中译本就成了研究古代印度宗教、哲学、文学、科学的重要文献。

玄奘还根据旅途见闻，写了一本《大唐西域记》，现在《大唐西域记》已译成数国文字，成为一部世界名著。

▶那烂陀寺内供奉的佛祖像

▶置有玄奘头顶骨舍利子的佛塔，现安放在西安大雁塔内

▶长安护国兴教寺内玄奘法师灵骨塔

▲玄奘环游印度，誉满天竺

鉴真……
六次东渡

昔往今来归，绝景无不经。何日更携手，乘杯向蓬瀛。
——李白

鉴真（688－763），唐朝僧人，日本佛教律宗创始人。本姓淳于，扬州江阳（今江苏扬州）人。鉴真东渡，对促进中日关系和文化交流，做出了重要贡献。鉴真作为中日两国友好的使者，立下了不朽的功勋，是值得人们永远怀念的。

接受邀请

唐朝时，日本经常派使臣、留学生、僧人和商人到唐朝访问、学习和通商。因为这些人是政府派遣到唐朝来的，所以被称为“遣唐使”。

▶鉴真东渡纪念馆

这一年，日本第9次派“遣唐使”来到了中国，其中有两个年轻的和尚，一个叫荣睿，一个叫普照。他们到中国除了学习佛教，还有一项很重要的任务，就是邀请中国的高僧到日本去讲学和授戒。

荣睿和普照在中国住了10年，虽然学到了不少佛学知识，可是却一直没有邀请到去日本讲学的高僧，倍感失望。

就在他俩准备动身回国的时候，打听到扬州大明寺的鉴真和尚德高望重，学问高深，还曾给4万人授戒。他俩就立刻从长安赶到了扬州。

可是当见到鉴真的时候，他们又犹豫了。鉴真已经是一个满脸皱纹、年近60岁的老人。这么大的年纪还肯远离家乡，漂洋过海吗？又一想，要是错过这个机会，恐怕再也找不到比鉴真大师更合适的人了。于是，俩人深深地向鉴真施礼，说明了来意，恳求他能到日本讲学授戒。鉴真被他俩的真情诚意深深地打动，于是带领弟子一行二十几个人一起去日本。

▶鉴真东渡文物

屡遭失败

一行等人先后四次东渡日本，都失败了。开始了第五次东渡时，刚出海的时候，船走得又快又稳。鉴真非常喜悦。可是没过多久，海面上突然刮起大风，天很快暗了下来，大块的乌云遮住

▲中国人民邮政为纪念鉴真东渡而发行的邮票

了太阳，风越刮越猛，海水掀起一个接一个像小山一样的巨浪。他们乘坐的那只木船，就像一片无依无靠的树叶，一会儿被海浪高高抛起，一会儿又被埋入波谷。

船上的人一个个东倒西歪，有的使劲抱着船仓里的木柱子不敢动弹；有的因为晕船，大口大口地呕吐起来。木船在这种险恶的环境里颠簸了一天又一天，随时都有葬身海底的危险。

到了第 6 天的时候，无情的海风才渐渐平息，海水也慢慢平静下来。船上的人由于几天没吃没喝，加上严重的呕吐，一个个面色青黄，浑身没有一点力气。人们的嘴唇都干得裂了口子，嗓子也好像在冒烟，实在是难受极了，可是船上连一口淡水也没有。

有人用瓢舀了一些海水，尝了尝，又苦又涩，实在不能下咽。

第 7 天下午，西南天空又出现了一块乌云，人们的心立刻提到了嗓子眼儿。可是，很快他们又高兴地欢叫起来，原来这是片雨云，顷刻之间降起大雨。这真是救命的雨水，人们站在甲板上仰着头，使劲张开干渴的嘴接水喝，又从船舱里把能盛水的器皿都搬出来接满了雨水。

船继续向前驶去，到第 14 天，眼前出现了一块大陆地，他们使出最后的力气，拼命地划动船桨，很快就靠岸了。这是什么地方呢？虽说是快到冬天了，这里仍是一片苍翠，到处是挺拔的剑麻、成片的椰林。

▲《东征传》绘卷局部：鉴真东渡途中在狼沟浦遇险。真人元开绘

原来船走错了方向，他们到了我国海南岛的最南端。这第五次东渡，虽然历尽千辛万苦，却又失败了。但他们百折不挠，公元 752 年，日本政府又一次派遣唐使团到了中国。

遣唐大使听说了鉴真五次东渡的经历，对鉴真极为敬佩，就在第二年十月回国的时候，绕路到扬州专程拜访鉴真，并邀请他一同前往日本。

第二年，日本遣唐使团准备回国，鉴真和随行的徒弟、工匠 38 人，都随着这个使团前往日本。经过一个多月的航行，终于到达日本。

▲《东征传》绘卷局部：鉴真东渡途中在桑石山附近触礁

郑和……
七下西洋的航海家

郑和当年启国门，艨艟鼓角气祥和。
六百年后重开放，登楼再听盛世歌。

——诗歌

郑和（约 1371~1435），云南昆阳人。郑和是中国伟大的航海家，他率领当时世界上最庞大的船队，先后七次下西洋，历时 28 年。航程经东南亚、印度洋，远达红海和非洲东海岸，谱写了世界航海史上的壮丽篇章。

自幼憧憬当“船长”

郑和出身回民家族，虔诚信奉伊斯兰教，祖辈是中西亚民族中的名门望族，西域普化力国王苏菲尔是其远祖。他们向往中国，远程迁徙到中国“乐不欲归”，几代人定居于云南昆阳州。由于他们大部分是从海上进入中国，又有朝觐圣地天方的传统，往返海洋，从不间断，保持着航海习性。

◀《三宝太监西洋记通俗演义》插图郑和像

郑和的祖父和父亲在“哈只精神”支配下，不惧千辛万苦，不怕挫折失败，乘风破浪，越洋涉海，实现朝觐功课，受尊称为“哈只”。所以，郑和虽然出身在云南高原，却生活在一种充满航海传奇的家庭氛围中。

郑和在云南度过 12 年的童年，生活在“烟波浩渺五百里”的滇池湖畔。当地人把广袤无边的滇池称作“海”，感受着“海洋”的气息。这里丰富的历史文化、人文资源和优越的地理环境，不仅为郑和提供了理想的戏水闹海的场所，而且造就了影响他一生的航海意识和像大海一样宽广的胸襟、气度和胆略。

◀在印度发现的郑和鎏金铁像

郑和故里的父老乡亲、海内外的郑氏后裔，传颂着许多有关郑和童年鲜为人知的动人故事。

郑和从小最喜欢做的事情是：读书、习武、听故事和玩水造船。他自幼聆听祖父和父亲讲述漂洋过海，到遥远的麦加朝圣的故事，没完没了地缠着他们讲述惊险的航海生活以及沿途各国的奇闻轶事。郑和幼小的心灵受到“大海”的熏陶和感染，向往远航、渴望朝圣。

他从小喜欢学叠纸船、造小木船，在滇池边同小伙伴一起乘着木盆搞划船比赛，喜欢与兄妹一起到滇池边看渔家打鱼造船和运石运粮。稍大后，他学会了划船、使帆，还独自乘船到省城体验“远航”感受，并练就了良好的水性。

▲南都繁会图卷（局部·明代）

良好的地理条件和家庭环境，激发了他的航海兴趣，启蒙了他的海洋意识，铸就了他当海员的体魄与素质。

他憧憬海洋生活，立志抱负海洋，干一番显赫大业，将来要当“船长”，亲自驾船到麦加朝觐，奠定了后来他成为一位伟大的航海家的坚实基础。

郑和下西洋

明朝前期，中国古代的航海事业达到了高峰。明朝政府组织大规模的船队，由郑和率领，七下西洋，访问了东南亚、南亚、阿拉伯和东非等地区的30多个国家和地区，最远到达索马里和肯尼亚，航程10万余里。

◀郑和船队的粮船模型

◀郑和宝船模型

郑和船队规模巨大，船队航行的路线，多是唐、宋、元时期早已为中国航海家所熟悉，但经过几十年战乱渐渐荒废不为人知的航线。

这七次航行，重新唤醒了沿线国家对中国航海业的宏伟印象，恢复和加强了他们与中国的经济文化交流。

1405年（永乐三年），郑和率领庞大的船队开始了第一次远航。郑和的船队有大船62艘，连同中小船只共200余艘，水手以及负责护卫的军卒等20000多人。这是当时世界上最大的船队。

郑和的船队，白天用指南针导航，夜间则用观看星斗和水罗盘定向的方法保持航向。由于对船上储存淡水、船的稳定性、抗沉性等问题都制定了合理解决方法，故郑和的船队能够在“洪涛接天，巨浪如山”的险恶条件下，“云帆高张，昼夜星驰”，很少发生意外事故。

1433年，是郑和船队最后一次航行的时间，比世界著名航海家迪亚士到达非洲南端的好望角、哥伦布到达美洲大陆、达·伽马沿非洲西岸绕过好望角到达印度的时间，都早约半个世纪。

▲在郑和出生地昆明市晋宁县修建的郑和公园

郑板桥……
三绝奇才

千磨万击还坚劲，任尔东西南北风。

郑板桥（1693~1765），名燮，字克柔，号板桥，又号板桥道人，江苏兴化人。他是中国历史上著名的思想家、文学家和艺术家，是清代扬州画派的杰出人物。他的诗、书、画被誉为“三绝”，颇具风格，200 多年来，一直深受人民群众喜爱，在国内外享有极高声誉。

郑板桥送贼诗

清代书画家郑板桥年轻时家里很穷，因为无名无势，尽管字画很好，也卖不出好价钱。

一天，郑板桥躺在床上，忽见窗纸上映出一个鬼鬼祟祟的人影，郑板桥想：一定是小偷光临了，我家有什么值得你拿的呢？便高声吟起诗来：

大风起兮月正昏，有劳君子到寒门！
诗书腹内藏千卷，钱串床头没半根。

▲郑板桥行书五绝扇面

小偷听了，转身就溜。郑板桥又念了两句诗送行：

出户休惊黄尾犬，越墙莫碍绿花盆。

小偷慌忙越墙逃走，不小心把几块墙砖碰落地上，郑板桥家的黄狗直叫着追住小偷就咬。郑板桥披衣出门，喝住黄狗，还把跌倒的小偷扶起来，一直送到大路上，作了个揖，又吟送了两句诗：

夜深费我披衣送，收拾雄心重做人。

“奉旨革职”

郑板桥在当县官时，遇到了灾荒之年。因开仓放粮，周济穷人，被皇上撤了职。于是，他决定乘船顺大运河回扬州老家去。

一日，见前面码头停泊着一条官船，桅杆上挂着“奉旨上任”的旗子，要所有的民船回避。郑板桥自言自语道：“你奉皇上的旨意上任，我奉皇上的旨意革职。不都是‘奉旨’吗？你神气什么？”于是，拿了一块绸绢，书写“奉旨革职”四个大字，也挂到桅杆上去。

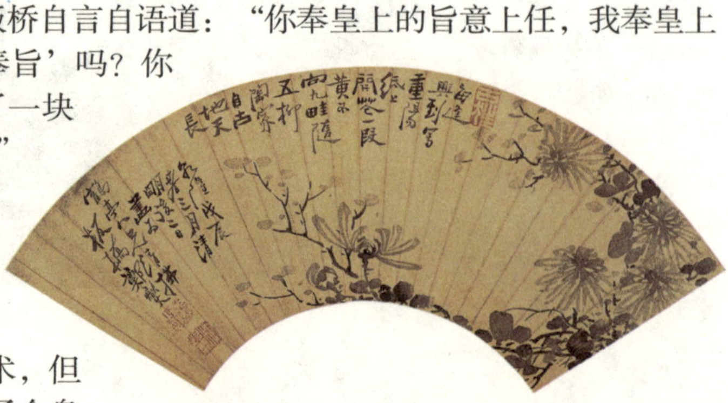

▲郑板桥所作扇面《墨菊》图

官船上的，是朝廷一个大奸臣的儿子，叫姚有财。此人虽不学无术，但仗着他父亲的势力，捞了个乌纱帽，这回正要到扬州上任去。这时见一只小船的桅杆上挂着“奉旨革职”的旗子，觉得奇怪，一打听，原来是郑板桥，就派人向他索要字画。

郑板桥听说这个姚有财，除了吃喝嫖赌、欺压搜刮百姓外，别的一窍不通，就很快书写了一首诗：“有钱难买竹一根，财多不得绿花盆，缺枝少叶没多笋，德少休要充斯文。”每句开头一字，连起来是“有财缺德”。姚有财接过一看，差点气昏过去。

▲郑板桥的书画作品

郑板桥断案

郑板桥任县官时，有一天，某盐商将一个私自贩盐的小贩子扭送到县衙门，要求郑板桥以走私罪予以重处。

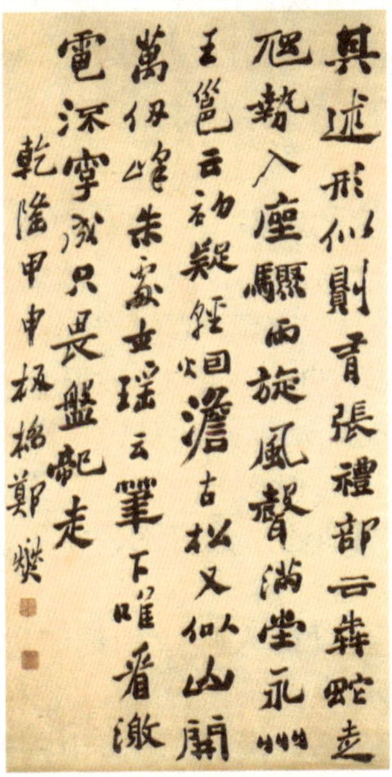

▶郑板桥行书轴

郑板桥一见那个小贩，便知是个可怜的穷人：蓬头垢面，衣衫褴褛。他贩盐卖，是生活所逼，不得而已。郑板桥顿生怜悯之心。于是，他想戏弄一下这个盐商。

他对盐商说：“这个小贩应当加重处罚，我准备给他戴上枷锁，立街示众，好不好？”

那盐商立刻笑眯眯地说：“好的！好的！”

当即，郑板桥命衙役抱来一些芦席，用细木片作托，认真扎好，中间挖一个大圆孔，名曰“芦枷”。他又画了许多竹子和兰花，题了字，贴在芦枷上。然后让小贩套在脖子上，站在盐商的门口示众。

大家都知道郑板桥不仅是个办事公正的清官，而且是个著名的大画家。他的诗、书、画堪称“三绝”，他画的竹子和兰花，名扬四海，许多人都想一睹为快，更渴望能得到他的墨迹。

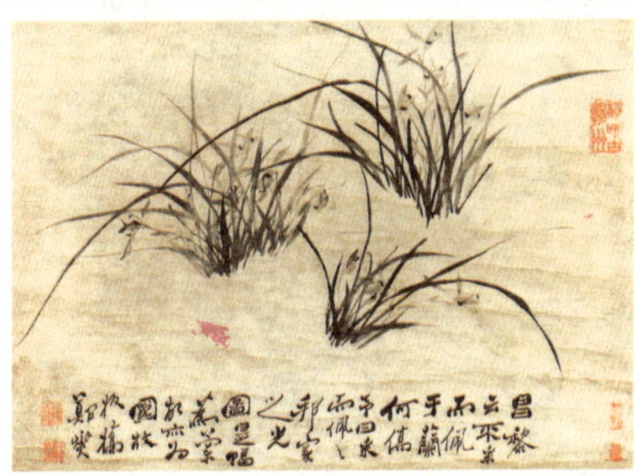

▲诗、书、画俱佳的“扬州八怪”之一的郑板桥作品，立轴《猗兰图》

那位小贩子戴着芦枷往盐商门前一站，立即招引了许多人前来观画，整个县城都轰动了。不一会儿，观画的人蜂拥而至，把盐商的门堵得水泄不通，一点生意也做不成了。盐商只好到县衙内去哀求郑板桥把那个小贩放了。

齐白石……
国画艺术大师

不教一日闲过。

齐白石（1864~1957），杰出的艺术家，世界十大文化名人之一。出生于湖南湘潭县杏子坞星斗塘一个贫苦农民家庭。原名纯芝，字渭清，号兰亭，后改名璜，字濒生。又号白石或白石山人，是我国20世纪著名画家和书法篆刻家。曾任北京国立艺专教授、中央美术学院名誉教授、北京画院名誉院长、中国美术家协会主席等职。曾被授予“中国人民艺术家”的称号，荣获世界和平理事会1955年度国际和平金奖、1963年诞辰100周年之际被公推为“世界文化名人”，等等。有《白石诗草》、《借山吟馆诗草》、《齐白石作品选集》、《齐白石作品集》等传世。

从“芝木匠”到画坛巨匠

1864年1月1日，湖南湘潭县南一个叫做星斗塘的地方，一户贫穷的人家生下了一个乳名叫“阿芝”的男婴——齐白石。清贫的家境，使这个体弱多病的孩子在读了不到一年的私塾后，就不得不砍柴牧牛，担起生活的重担。

有两件事对于青年时代的齐白石有着决定性的影响：一是15岁开始学雕花木匠，二是27岁时拜胡沁园、陈可藩为师，正式开始学画。从此，闻名乡里的“芝木匠”开始利用相对稳定和集中的时间来画画和读书。由于白天还要干活，齐白石读书学画的时间只能在晚上。这一时期他还十分穷困，常常饮水充饥。晚上无钱买灯油，便点松火做灯。

齐白石在40岁之前没有离开过家乡一步，主要以替人画像和刻印过活，这无论是在眼界上，还是在学问上都使他受到了一定的局限。后来在朋友的竭力劝说下，他才“五出五归”，远游南北各地，足迹遍及半个中国。祖国的壮美山河和浓郁的风土人情，开阔、丰富了这个民间画师的胸襟，提升了他的描绘境界。

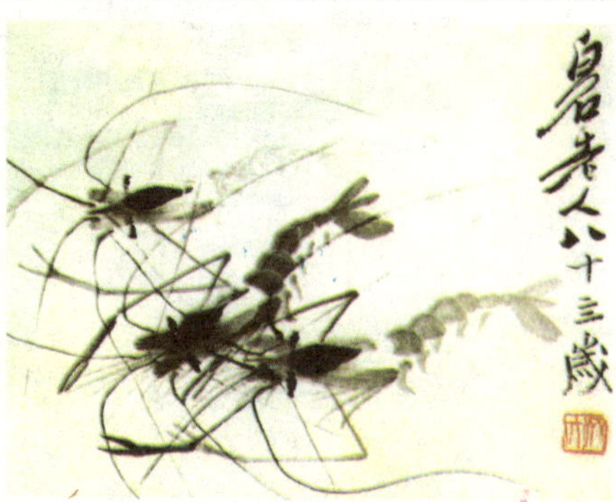

▶白石老人画的虾出神入化，图中是他80多岁高龄时的画作，风采依然不减当年

60岁之后，齐白石多在北京卖画谋生。由于那时他的画风学八大山人冷逸的路子，不为当时人们所喜爱，故画价比同时期的一般画家便宜一半，也少有人问津。后来，幸遇当时声名正隆的著名画家陈师曾，陈师曾力劝齐白石改变以前的画风，用“画吾自画自合古”来激励他自创一格。

在陈师曾的无私帮助下，齐白石“衰年变法”，通过自己的艰苦努力，画风和境界发生了质的飞跃，一度受到冷落的画作逐渐得到了大家的重视。

▼仙桃

新中国成立以后，党和政府为老画家创造了良好的工作环境，并给予极高的荣誉。1953 年，文化部授予齐白石“人民艺术家”的称号。

教授生涯

1927 年，声名鹊起的白石老人开始任教于北京艺术专科学校，学校更名为北平艺术学院后，他被民国史上最年轻的美院校长林风眠聘为教授，专职教授花鸟，在校极受尊敬。

任教期间有《借山吟馆诗草》及《齐白石印谱》刊行于世，白石老人重新出山担当教职，源于他结识了另一位著名的美术教育家。

▼花卉四屏

1942 年，齐白石赴南京、上海等地举办个人展，机缘巧合地遇上了交结多年的莫逆挚友徐悲鸿。其时徐悲鸿已应聘为北平艺专校长，他对齐白石深厚的写意状物功力青睐有加，顾及到教授传统中国画时的特殊性，遂将老友招至麾下。

齐白石故地重游，执起了往日的教鞭，把自己几十年的绘画创作经验，毫无保留地传授给了学生。

▲齐白石老人的花鸟、鱼、虫、蔬果、花朵无一不是鲜活生动的

胡适……

新文化改革的倡导者

往往他的业余活动比他的职业还更重要，因为一个人的前途往往全靠他怎样用他的时间。

胡适（1891~1962），原名洪，字适之。中国现代著名的学者、哲学家、教育家，新文化运动的领导者之一。

火花收藏家胡适

新文化运动的著名人物胡适，是我国最早的火花收藏家之一。他的火花收藏活动主要是在旅居美国8年期间进行的。胡适初到美国时，朋友们特意为他召开了盛大的欢迎宴会。主办宴会的友人知道他喜欢收藏火花，所以，在席间将印上了他的名字的火花奉送给他，胡适欣然笑纳。

▶胡适先生酷爱收藏火花

美国《生活杂志》的记者到胡适的寓所采访时，看见胡适的房中陈列了许多火花，便在发表采访文章时特地在照片上题注："火花收藏家胡适"。

经过这一宣传，引起读者纷纷给胡适寄去形形色色的火花；美国的火花收藏家们更踊跃地馈赠了大批火花给他。由于这种"名人效应"，使胡适的火花品种越聚越多，逐渐超过了一般的火花收藏家。

后来，胡适到美国各大学演讲，学生们都争先恐后地赠送火花给他。更有趣的是：凡举行欢迎胡适博士的盛大宴会，门券代价均不收美元，而定价为100枚火花，凡缴足此数者便可赴宴。

圣母之爱

胡适3岁时父亲病故，便随母亲从台湾来到老家安徽绩溪县上庄村。

▲胡适的故乡——绩溪县上庄村口小景

胡适的母亲叫冯顺弟，19岁时成了比她大30岁的胡适父亲胡铁花的续弦。胡适的父亲50出头便撒手人寰，抛下了孤儿寡母。成了寡妇的冯顺弟无奈中不得不带着胡适回到老家寻找生路，让孩子接受教育。冯顺弟尽管农村出身，不会识文断字，但对唯一的儿子胡适悉心教育，一心想把孩子培养成一个乡贤。

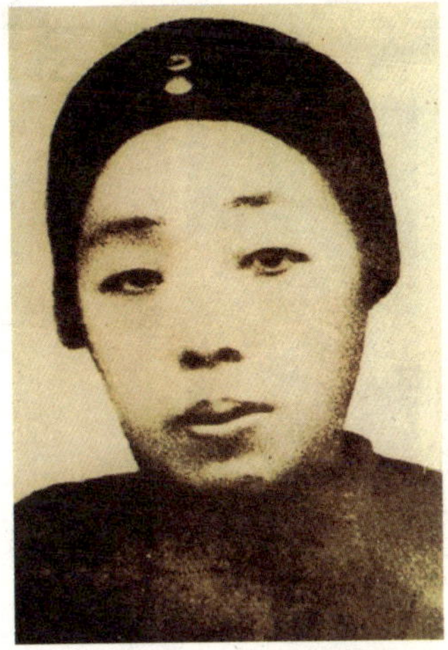
▲仁慈而质朴的胡适母亲冯顺弟

胡适3岁前，母亲即让他认方块字，学了约有1000字。回到安徽家乡时，母亲望其读书心切，就让他在其四叔开的私塾里读书。因为个子太小，还要把他从读书的高凳上抱上抱下。

胡适从小喜欢读书，母亲对他也格外照顾。别的小孩学费只有2元，而胡适的母亲渴望他读书，所以学费特别优厚，第一年就送6元，以后每年递增，最后一年加到20元。母亲嘱托先生要为他“讲书”，每读一字，须讲一字的意思，每读一句，须讲一句的意思，这使胡适在学习上比一般的孩子更扎实。

9岁时他就能看《水浒传》。他不但把大量的小说“看”进去，还能把小说“讲”出来，向周围的本家姐妹们说书。这种办法使他更了解了古文的文理。

冯顺弟仁慈而质朴，为了主持好一大家子，时时处处小心谨慎，宁愿自己委屈也不愿弄得家庭不和。

冯顺弟对胡适既是慈母兼严父，又是“恩师”兼“严师”。这种教育方式，使胡适从小就懂得正经做人，爱惜名誉，这为他日后的不断上进奠定了基础。

胡适13岁时，冯顺弟毅然将他送往上海求学。徽州人固有“十三四岁，往外一丢”，送男孩出外学徒经商的习惯，但胡适毕竟是他母亲年轻守寡朝夕相处的独子！深明事理的母亲送儿子上路时没有在儿子和众人面前掉一滴泪。

后来胡适考取庚子赔款官费赴美留学，此时他年仅19岁。因行期由政府决定，他竟未能回家乡向母亲告别。

胡适在美国康奈尔大学初读农科，一年半后改读政治、经济，兼攻文学、哲学，后又赴纽约哥伦比亚大学，攻读哲学。

▲年仅26岁即出任北大教授时的胡适先生

在美留学7年间，胡适与母亲只能保持书信往来。母亲在病重时也不让人告诉儿子，以免他中断学业。

母亲冯顺弟早知邻人宋焕家中有一部《古今图书集成》，是儿子一直求之未得的，当她得知宋家减价到80元时，便借贷为儿子买下。为了资助胡适读书，她甚至不惜变卖自己的首饰。

胡适没有辜负母亲的期望，1917年7月，他从美国学成回国，被北京大学校长蔡元培聘为教授，胡适成为中国白话文的倡导者、新文化运动的开拓者，并荣获35项美国博士桂冠。

梅兰芳……
艺术使节

我是个拙笨的学艺者，没有充分的天才，全凭苦学。

梅兰芳（1894~1961），本名澜，又名鹤鸣，艺名兰芳，祖籍江苏泰州。出生于北京李铁拐斜街的梨园世家。他是我国现代杰出的京剧表演艺术家，也是一位受人尊敬的社会活动家。被誉为京剧“四大名旦”之一。他是第一个把中国的京剧艺术传播到海外，成为饮誉中外的京剧艺术大师。

▲梅兰芳眼神示范图

京剧泰斗

梅兰芳的祖父梅巧玲，是19世纪著名的京剧演员，兼擅青衣花旦，被列为“同光十三绝”之一。父梅竹芬，也是一位多才多艺的京剧演员，可惜英年早逝。伯父梅雨田是一位出色的京剧器乐家，号称“六场通透”，长期给谭鑫培伴奏。自幼受到的艺术熏陶，为梅兰芳在京剧艺术方面的开拓发展奠定了基础。

梅兰芳幼年的生活相当艰苦。他父母早逝，依靠伯父伴奏的收入来维持生活。8岁开始学艺，11岁登台演出。这期间他除了学青衣戏外，还学花旦戏、武功、昆曲等。同时还看戏，用心比较、琢磨前辈艺术家们的艺术精华。

除了演戏练功外，他的业余爱好十分广泛，特别喜欢养鸽子、养花和书法绘画，而这些爱好对他提高表演艺术起了很大作用。幼年的梅兰芳眼睛微微近视，有时还迎风流泪，眼珠余转也不灵活，因此每当黄昏时分，他让鸽子翱翔空中，让自己的眼睛随着鸽子转动，认真锻炼眼力。日久天长，双眼灵活自如，透亮传神。

他认为京剧的服装色彩、化装、脸谱、舞台装置都和美术有密切关系，最好自己能画。1913年至1914年两次赴沪演出，他与老画家吴昌硕结下了忘年之交，于是开始了绘画生活。先请王梦白教画，后向陈师曾、姚茫父学习画佛像，向齐白石、汤定之学习画草虫、松梅等。

▲梅兰芳与杨小楼出演《霸王别姬》的剧照

梅兰芳20岁时，已经是一位驰名京沪的京剧演员了。他开创了在同一剧目中一人演两个不同行当、不同扮相、不同演法的先例。1914年秋冬，梅兰芳再次应邀赴上海演出，增加了《贵妃醉酒》等剧目，历时四五天，场场爆满，盛况空前，曾以22万多张票，当选为“伶界大王”。两次赴沪演出，是梅兰芳一生在戏剧方面发展的一个关键时期。他在艺坛上的地位明显得到巩固。

▲这是梅兰芳在京剧《贵妃醉酒》中扮演杨贵妃

梅兰芳回北京后，开始创作《一缕麻》等反对封建包办婚姻、揭露官场黑暗的时装新戏，对推动京剧艺术的革新和发展起了不小的作用。不久，他又尝试排演了古装新戏，为观众喜闻乐见。他集京剧旦角艺术的大成，综合青衣、花旦、刀马旦的表演特点，创造出自己特有的表演形式和唱腔——梅派。

练画蓄须逃出虎穴

1937年8月13日，日军进攻上海，淞沪战事爆发。日寇占领上海不久，得知蜚声世界的京剧第一名旦梅兰芳住在上海，就派人请梅兰芳到电台讲话，让其表示愿为日本的“皇道乐土”服务。梅兰芳洞察到日本人的阴谋伎俩后，便决定尽快离沪赴港，摆脱日寇纠缠。

梅兰芳来到香港后，深居简出，不愿露面。为了消磨时光，他除练习太极拳、打羽毛球、学英语、看报纸、看新闻外，把主要精力都用来画画。他喜欢画飞鸟、佛像、草虫、游鱼、虾米和画外国人的舞蹈。这些作品，家人和剧团人员看到后十分高兴，都说给他们带来了许多美感和欢乐。

1941年12月下旬，日军侵占香港，梅兰芳苦不堪言，担心日本人会来找他演戏，怎么办？他与妻子商量后，决心采取一项大胆举措：留蓄胡子，罢歌罢舞，不为日本人和汉奸卖国贼演出。他对友人说：“别瞧我这一撮胡子，将来可有用处。日本人要是蛮不讲理，硬要我出来唱戏，那么，坐牢、杀头，也只好由他了。”

1942年1月，香港的日本驻军司令酒井看到梅兰芳留蓄胡子，惊诧地说：“梅先生，你怎么留起胡子来了？像你这样的大艺术家，怎能退出舞台艺术？”梅兰芳回答说：“我是个唱旦角的，如今年岁大了，扮相也不好看，嗓子也不行了，已经不能再演戏了，这几年我都是在家赋闲习画，颐养天年啊！”酒井一听，气呼呼地走了。

◀抗战时期，梅兰芳蓄须明志，表现了一个艺术家的民族气节

过了几天，酒井派人找梅兰芳，一定要他登台演出几场，以表现日本统治香港后的繁荣。正巧，此时梅兰芳患了严重牙病，酒井获悉后无可奈何，只好作罢。翌日，梅兰芳感到事态十分严峻，香港也成了是非之地，不能久留。于是他立即坐船返沪，回到阔别3年多的上海。

徐悲鸿……
现代美术奠基人

我的座右铭是：人不可有傲气，但不可无傲骨。

徐悲鸿（1895~1953），现代杰出的画家和卓越的美术教育家。江苏宜兴人。幼年便开始随父亲学习中国画，后赴巴黎入法国高等美术专科学校精研素描和油画，又在日、德、比、意、瑞士观摩学习。他的国画融会中西技法，简练明快，驰誉国内外，在我国美术界起了承前启后的作用。他坚持现实主义，刻苦实践，勇于创新，是国画的革新派。曾先后任中央美术学院院长、中国美术家协会主席，是“五四”以来新美术的奠基者之一。他还曾积极开拓国际文化交流，先后赴法、德、比、意、苏、印度、新加坡等地举办中国绘画和他个人的作品展览，影响深远。

徐悲鸿画马

▲徐悲鸿的《奔马图》

徐悲鸿画马，堪称一绝。他很喜爱马，最早也是以画马闻名的。他对马的肌肉、骨骼以及神情和动态，进行过长期的观察研究，经常在山乡和有马的地方对真马写生，马的速写稿不下千幅。所以他下笔时能做到“全马在胸”，笔墨酣畅。

他早年流落上海时，曾画了一幅马，寄给上海美术馆，得到主持该馆的岭南派画家高氏兄弟的赞赏，说：“虽古之韩干，无以过也”。

1934年4月，徐悲鸿应邀到莫斯科举办画展。一天，他应苏联文化局长之请为观众作一次画马的现场表演，他充分运用中国画独有的线条，水墨浓淡相宜，寥寥数笔，一匹势不可挡的奔马便跃然纸上。当时，在场的素有爱马之癖的骑兵元帅布琼尼，拨开人群走到徐悲鸿面前，直率地说：“徐先生，就将这匹马赠给我吧，否则我会发疯的！”徐悲鸿被布琼尼的幽默逗笑了，欣然点头答应。

布琼尼高兴地和徐悲鸿热烈拥抱，并大声称赞道：“徐先生，你不仅是东方的一支神笔，也是属于世界的一支神笔。你笔下的奔马，比我所骑过的那些战马更加奔放、健美！”

徐悲鸿画的马落笔有神，奔放处不狂狷，精微处不琐屑，盘骨强壮，气势磅礴，形神俱足。他以周穆王八匹名马为题材所画的《八骏图》，成为这位艺术大师的不朽名作。而其最著名的则是《九方皋相马》，现藏北京徐悲鸿纪念馆。徐悲鸿笔下的马，赋予了画家自己的个性和理想。他常借画马抒怀，有所寓意，以寄托自己的悲哀、忧郁、希望和欢乐。

勤勉节俭 铭恩不忘

徐悲鸿一生勤勉，17 岁起就独自一个人挑起全家的生活重担，但他从不抱怨生活的艰难，而是以坚强的意志和坚韧不拔的精神，直面人生，奋进不止，百折不挠。

他一生节俭，不论是一贫如洗的青少年时代，还是手头宽裕的中年岁月，他都一直秉承中华民族的优良传统，从不挥霍浪费。因为他深深地明白这样一个道理：一粥一饭，皆是血汗；一针一线，来之不易。

▶《徐悲鸿自画像》，其简朴的衣着可见一斑

为了保护我国的古代优秀绘画作品，他可以竭尽所能，毫不吝惜。但他本人的生活却俭朴得让人难以相信。

徐悲鸿先生的一生自奉廉洁。他的收入虽然很多，但都是用来帮助穷学生、穷朋友和购买大量书籍字画。

徐悲鸿在北平时曾在东单广场卖旧货的市场上买了一件旧皮袍，上面的纽扣都是过了时的铜纽扣。当时北平艺专的学生们开玩笑就说："看我们校长的金纽扣"。

徐悲鸿先生是一位非常重情重义的人。在他的青年时代求学时期，有两个人对他帮助最大，一位是黄震之先生，一位是傅增湘先生。

黄震之先生是上海的一位富商，也是一位酷爱美术，颇具鉴赏力的书画收藏家，他在看了徐悲鸿的一幅雪景图后，认为他是一位不可多得的人才。于是在徐悲鸿先生最为困难的时候慷慨解囊，帮助徐悲鸿先生解决生活上的实际困难；另一位傅增湘先生是四川人，当时的教育部长。他在看了徐悲鸿的作品之后，答应如果公派留学生去法国，一定不会忘了他。后来，他果然不食前言，批准徐悲鸿去欧洲留学，对他开阔眼界，学习与借鉴西方的绘画艺术，提高自己的绘画水平与艺术修养以极大的帮助。

◀徐悲鸿先生的《珍妮小姐的画像》在嘉德艺术品拍卖会上以 2200 元人民币的价格被拍出，创造了中国油画拍卖的新纪录

多年之后，当徐悲鸿回忆起这段往事时，仍然念念不忘两位先生的似海恩情："我飘零十载，转走千里，求学之难，难至于此。我对黄震之、傅增湘两位先生，是终身感戴其德，而不敢忘记的。"

冼星海……抗战音乐家

我有我的人格、良心，不是钱能买的。我的音乐，要献给祖国，献给劳动人民大众，为挽救民族危机服务。

冼星海（1905~1945），曾名黄训、孔宇，生于澳门海员家庭，先后在岭南大学预科、北京艺术专门学校音乐系、上海国立音乐院及法国巴黎音乐学院学习音乐。1945年病逝于莫斯科。作品有《黄河大合唱》、《生产大合唱》等。

中学时的“南国箫手”

1905年，冼星海在星夜大海下的一艘渔船上诞生，为此取名“星海”，他出生前父亲就已去世，靠母亲做佣工和祖父接济生活。尽管生活艰难，但祖父仍然把6岁的冼星海送进了私塾，直到祖父病逝，他失学随母亲去了新加坡。

13岁时，冼星海回到广州。也许要感谢岭南大学基督教青年会所办的义学，让他参加了学校的管乐队，使他表现出了音乐天赋：冼星海擅长吹奏单簧管（也称黑管，民间称“洋箫”），故有“南国箫手”的美誉。1926年春，用卖掉心爱小提琴的钱和朋友的资助，冼星海考入北京大学音乐传习所，第二年进入上海国立音乐学院，主修小提琴和钢琴。他又是一名热血的爱国青年，后因参加学潮被迫退学。

巴黎的国庆让他感慨万千

1929年，冼星海来到巴黎学习音乐，巴黎素有世界音乐文化中心之称，吸引着欲求登上艺术圣殿的学子们。冼星海给餐厅跑堂、在理发店干杂役，挣来为数不多的学费、生活费，生活仍是很艰苦。在塞纳河畔梧桐树下，他几次晕倒，险些被法国警察送进陈尸所。幸运的是，他遇见了马思聪，并由他引见了法国巴黎歌剧院首席小提琴奥别多菲尔和音乐大师加隆。大师们钦佩他的毅力，破例免去了他每月400法郎的学费。

根据唐朝诗人杜甫著名的诗篇《茅屋为秋风所破歌》，冼星海创作了奏鸣曲《风》，和早期作品《d小调小提琴奏鸣曲》等一起排上巴黎音乐学院新作品演奏会节目单，并在电台播出，从此有了名气。

▲巴黎音乐院高级作曲班合影（右二为冼星海，1935年）

1934年，冼星海考入巴黎音乐学院高级作曲班，学习作曲兼指挥，师从著名提琴家奥别多菲尔和著名作曲家杜卡斯。他是该班几十年来的第一个中国考生，由于衣着不够华丽，险些被法国门警所阻而不得进入考场。

考试后，主考老师杜卡斯代表全体评委宣布："我们决定给你荣誉奖，按照学院的传统规定，你可以自己提出物质方面的要求。"冼星海只说了"饭票"两个字，就再也说不出话来了。

在法国的国庆节上，冼星海亲眼目睹着法国民众在广场高声齐唱国歌《马赛曲》的情景，激动人心的场面感染了每一位在场的人，而在被日寇蹂躏的中国，还没有一首深入人心，激荡民族魂的合唱歌曲。

第二年夏天，冼星海谢绝巴黎音乐学院的挽留，回到了多灾多难的祖国。

《黄河大合唱》走向艺术巅峰

1939年2月，诗人光未然随抗战演剧三队来到延安，他在途经黄河壶口瀑布时为其壮美的景色而震撼，从而写出了诗篇《黄河吟》。他在延安朗诵此诗时，冼星海触发了创作灵感，决定把它写成合唱曲。

从此，冼星海投入了忘我的创作中，6日之内多次修改乐稿，终于成功完成了全部谱曲。冼星海在创作期间，甚至没有一架钢琴可以试弹，可称得上乐器的只有用铁桶自制的二胡和为数不多的口琴、笛子，战士们吃饭用的瓷缸也成了试音的打击"乐器"。

▲中国抗日救亡的烽火硝烟中，曾经广为传唱着一批革命音乐作品，成为激励全民族奋进的战斗武器。这些激昂高亢的旋律大多出自冼星海之手

5月11日，《黄河大合唱》在延安庆祝鲁艺成立周年晚会上首次公演，冼星海穿着灰布军装和草鞋、打着绑腿指挥《黄河大合唱》，全场为之轰动。

在异国的土地上长眠

1940年5月，冼星海赴苏联，为大型纪录片《延安与八路军》进行后期制作与配乐。临行前，毛泽东在家中请他吃饭并饯行。

然而一年后，冼星海的命运发生了重大转折：苏德战争爆发，该片制作停顿；打算经新疆回延安，却因当地军阀盛世才反共，交通中断而未成，被迫羁留于哈萨克斯坦的阿拉木图，成了一个战争背景下的旅居者。

在困难的战时条件下，冼星海的身体状况每况愈下，肺病一直折磨着他。但他仍相继完成了《民族解放交响乐》、《神圣之战》、管弦乐组曲《满江红》、交响诗《阿曼该尔达》和以中国古诗为题材的独唱曲。战争结束时，他回到莫斯科治疗未能痊愈，于1945年10月在克里姆林宫医院病逝，年仅40岁。

▲文化界知名人士护送人民音乐家冼星海骨灰回家乡

当年，延安各界为冼星海举行了追悼会，毛泽东亲笔题词："为人民的音乐家冼星海致哀"。1999年11月，哈萨克斯坦共和国阿拉木图市的弗拉基米尔大街被命名为冼星海大街。

聂耳……
乐坛巨星

脑筋若无正确的思想的培养，任它怎样发达，这发达总是畸形的发达，那么一切的行为都没有稳定的正确的立足点。

聂耳（1912~1935），生于昆明。原名聂守信，字子义，是现代作曲家，我国无产阶级革命音乐的奠基者，我国国歌的作曲者。他的作品具有鲜明的民族特征和时代精神，是我国当之无愧的革命音乐的开路先锋。代表作有《卖报歌》、《开路先锋》、《毕业歌》、《铁蹄下的歌女》以及建国后定为国歌的《义勇军进行曲》等。

“耳朵先生”和“田老大”

19岁的聂耳是个活泼、天真的孩子王，身边总围着歌剧社的小演员们。做游戏输了，孩子们起哄，聂耳乐颠颠地耸动着两只耳朵。大家不满足，“耳朵先生，再来一个嘛！”聂耳又“秀”了一下。聂耳最爱看电影，而且每遇动情之处必哭，这在朋友中出了名。他的这个习惯常被朋友们当作笑料，他自己却觉得再自然不过。至情至性，有何不好？

“一·二八”以后，上海白色恐怖非常严重，中共提出在文艺界发展党员，壮大左翼力量。年轻活跃的聂耳被列为首批培养对象。培养和联系人是上海左翼剧团联盟负责人田汉，后来介绍聂耳入党的也正是田汉。但在聂耳目前保留下来的十多万字的日记、文章、书札里，关于田汉的描述却很少，即使有，也大多是流水账式的记录，至多用“很好”这样的字眼笼统地表示一下。

勤写日记和书信的聂耳，逢“田”何故谨慎规避？令人不得而知。当然，在田汉的眼里，聂耳最初只是一个有着不平凡经历的追求革命的贫苦学生。两人阅历、资历以及性格都存在着极大的差异，但这并不妨碍田、聂二人在音乐创作中的默契合作。

1933年~1935年，田汉作词、聂耳作曲，一同创作了《开矿歌》、《大路歌》、《毕业歌》、《码头工人》、《苦力歌》、《梅娘曲》、《打长江》、《采菱歌》、《义勇军进行曲》等14首歌曲，几乎占了聂耳全部作品的一半。聂耳的处女作《开矿歌》是两人合作的开端，后来被作为中华人民共和国国歌的《义勇军进行曲》则是两人合作的巅峰。

▶聂耳使用的小提琴和琴弓

“我的音乐年”

1934年4月1日，聂耳加盟由英国人经营的东方百代唱片公司。百代公司当时在上海十分出名。

初进“百代”，聂耳只是音乐家任光的录音工作助手，但是很快他就被任命为音乐部副主任，这是因其一目了然的才华。“百代”老板大气地对聂耳说：不管你是谁，你做什么，只要你能做成，有影响，有效益，你就尽管去做。

▲聂耳塑像

聂耳“拼命三郎”的劲头又上来了，抄谱、作曲、演出、开研究会，一刻都没有闲下来。他是如此兴奋而忙碌，以至连写日记的时间都没有。整整 7 个月的“百代时期”，临到最后他才粗略地写了一篇“总结”文字。在这篇注明“四月四日”的日记里，亢奋中的聂耳一再使用“一致地赞许”、“批评甚佳”等火爆字眼，形容自己为电影《渔光曲》、《桃李劫》、《大路》创作的音乐作品。

▲电影《风云儿女》的海报

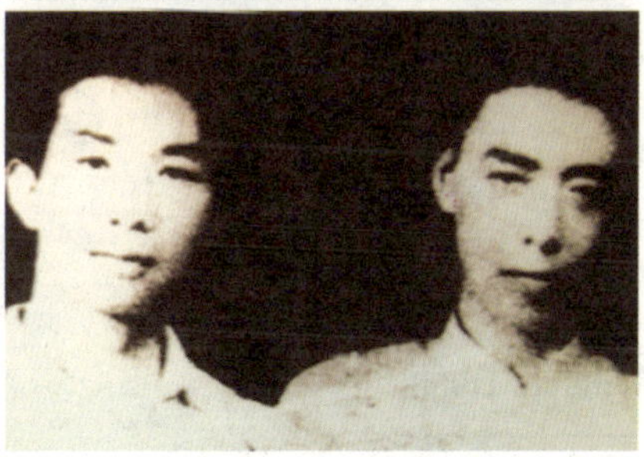

▲田汉（右）与聂耳合影

忙碌中聂耳最用心力的是国乐队，业余演出时这个乐队也称“音乐社”。乐队很小，只有几个基本席位，成员都是往来较密切的同行，每礼拜开两次夜工，因为是同仁性质，大家的兴致很高。乐队进行了一系列的民乐伴奏和合奏形式方面的改革实验。

聂耳根据云南等地民间乐曲改编完成《山国情侣》、《昭君和番》等 4 首民乐作品，都是交由音乐社首演的，现场与报章的反响让他和他的朋友们兴奋不已。

▲聂耳作为一个音乐家的标志性作品——《义勇军进行曲》

1935 年，聂耳为电影《风云儿女》创作的《义勇军进行曲》，后来成为聂耳作为一个音乐家的标志性作品，但他丰富多样的音乐实践，在 1934 年就已大略成形了。他自己说过：“1934 年是我的音乐年。”

153

图书在版编目(CIP)数据

中国名人成才故事/郭漫主编. --北京:航空工业出版社, 2006.8(2011.8 重印)

ISBN 978-7-80183-788-2

Ⅰ.①中… Ⅱ.①郭… Ⅲ.①名人—生平事迹—中国
Ⅳ.①K820

中国版本图书馆 CIP 数据核字(2011)第 050642 号

中国名人成才故事

Zhongguo Mingren Chengcai Gushi

航空工业出版社出版发行

(北京市安定门外小关东里 14 号 100029)

发行部电话:010-64815521 010-64978486

北京朝阳新艺印刷有限公司印刷 全国各地新华书店经售

2006 年 10 月第 1 版 2011 年 8 月第 8 次印刷

开本:787×1092 1/16 印张:10 字数:260 千字

印数:44001—49000 定价:29.50 元